Das Bayerische Gesetz

über die

Güterzertrümmerung

vom 13. August 1910

mit Erläuterungen, Vollzugsvorschriften und den sonstigen einschlägigen Vorschriften

herausgegeben von

Friedrich Edler von Braun,

K. Oberregierungsrat im Staatsministerium des Innern.

== 2. erweiterte Auflage. ==

1911.

München und Berlin.

J. Schweitzer Verlag (Arthur Sellier).

Vorwort.

Das Gesetz über die Güterzertrümmerung hat schon vor seiner Erlassung den Gegenstand vielfacher und teilweise leidenschaftlicher Erörterungen in Versammlungen und in der Presse gebildet. Der Entwurf ist nicht nur von Güterhändlern sondern auch von Landwirten in Wort und Schrift bekämpft worden. Der Vollzug des Gesetzes, das bezüglich der Einschränkung der Güterzertrümmerung ganz neue, auch in anderen Staaten noch nicht eingeschlagene Wege wandelt, wird daher mancherlei Schwierigkeiten bieten.

Diese Schwierigkeiten werden sich mindern, wenn über die Tragweite und die Auslegung aller Bestimmungen volle Klarheit herrscht und wenn dadurch für die Behörden ein rascher Vollzug ermöglicht ist. Das zu erreichen ist der Zweck dieser Handausgabe, die allen mit dem Vollzuge befaßten Behörden, den Distriktsverwaltungsbehörden, Gerichten, Rentämtern, Notariaten und Messungsämtern ein bequemes Nachschlagebuch, den Gemeinden, landwirtschaftlichen Kreditgenossenschaften und den Landwirten ein Ratgeber in Fragen der Güterzertrümmerung sein will.

Neben dem Gesetze und den Vollzugsvorschriften sind deshalb auch alle anderen in Bayern geltenden Vorschriften über Güterzertrümmerung mit aufgenommen worden.

München, im September 1910.

v. Braun.

Vorwort zur zweiten Auflage.

Die erste Auflage der vorliegenden Textausgabe hat eine so freundliche Aufnahme gefunden, daß schon nach kurzer Zeit eine zweite Auflage notwendig geworden ist. Diese hat eine Erweiterung erfahren durch Aufnahme der inzwischen ergangenen Entschließungen und durch Berücksichtigung der Erfahrungen, die beim Vollzug des Gesetzes gemacht worden sind. Auch die wenigen inzwischen ergangenen oberstrichterlichen Entscheidungen, die für die Auslegung des Gesetzes von Bedeutung sind, wurden berücksichtigt.

Eine ausführlichere Darstellung haben die rechtlichen Wirkungen des Vorkaufsrechts und des Rücktrittsrechts und deren Einfluß auf den Grundbuchverkehr gefunden.

München, im Juni 1911.

Der Verfasser.

Inhaltsverzeichnis.

Abkürzungen.

AbmG.	=	Gesetz betr. die Abmarkung der Grundstücke vom 30. Juni 1900. (GVBl. S. 553.)
AG. z. BGB.	=	Bayerisches Ausführungsgesetz zum Bürgerlichen Gesetzbuch vom 9. Juni 1899. (GVBl. Nr. 28 S. 1 ff.)
AG. z. GO.	=	Ausführungsgesetz zur Grundbuchordnung vom 9. Juni 1899. (GVBl. Beil. z. Landt.-Absch. S. 125.)
AN. d. RVersA.	=	Amtliche Nachrichten des Reichsversicherungsamtes.
BGB.	=	Bürgerliches Gesetzbuch vom 18. August 1896. (RGBl. S. 195.)
BayZfR.	=	Zeitschrift für Rechtspflege in Bayern.
Bl. f. a. Pr.	=	Blätter für administrative Praxis.
Bl. f. RA.	=	Blätter für Rechtsanwendung.
EG. z. BGB.	=	Einführungsgesetz zum Bürgerlichen Gesetzbuch vom 18. August 1896. (RGBl. S. 604.)
E. d. BGH.	=	Entscheidungen des K. Bayerischen Verwaltungsgerichtshofes.
E. d. RG. i. StS.	=	Entscheidungen des Reichsgerichts in Strafsachen.
GemO.	=	Gemeindeordnung für die Landesteile diesseits des Rheins vom 29. April 1869. (GVBl. S. 865.)
GG.	=	Gesetz über die Güterzertrümmerung vom 13. August 1910. (GVBl. S. 627.)
GO.	=	Grundbuchordnung vom 24. März 1897. (RGBl. S. 139.)
GewO.	=	Gewerbeordnung für das Deutsche Reich.
Goldschmit-Gardé	=	Kommentar zum Gesetz über die Güterzertrümmerung von Dr. Goldschmit und Dr. Gardé.

GVBl.	=	Gesetz- und Verordnungsblatt für das Königreich Bayern.
GVG.	=	Gerichtsverfassungsgesetz vom 27. Januar 1877.
JW.	=	Juristische Wochenschrift.
Kahr	=	Bayerische Gemeindeordnung für die Landesteile diesseits des Rheins von Dr. G. von Kahr. 1896.
Landmann	=	Kommentar zur Gewerbeordnung für das Deutsche Reich von R. von Landmann. 5. Auflage 1907.
MABl.	=	Amtsblatt der K. Staatsministerien des Äußern und des Innern.
NotG.	=	Bayerisches Notariatsgesetz vom 9. Juni 1899. (GVBl. Nr. 28 S. 137 ff.)
Parisius	=	Kommentar zum Gesetz betr. die Erwerbs- und Wirtschaftsgenossenschaften von Parisius und Crüger. 6. Auflage.
Reger	=	Entscheidungen der Gerichte und Verwaltungsbehörden von Reger.
RGBl.	=	Reichsgesetzblatt.
Slg.	=	Sammlung der Entscheidungen des K. Bayerischen Verwaltungsgerichtshofes.
Sörgel	=	Sörgel, Jahrbuch der Rechtsprechung zum Verwaltungsrecht.
Staudinger	=	J. von Staudinger's Kommentar zum Bürgerlichen Gesetzbuch. 3./4. neubearbeitete Auflage 1908.
VGH.	=	Verwaltungsgerichtshof.
VollzBek.	=	Bekanntmachung betr. den gewerbsmäßigen Handel mit ländlichen Grundstücken vom 24. August 1910. (GVBl. S. 633.)

Einleitung.

Eine Einschränkung der Güterzertrümmerung durch gesetzliche Maßnahmen ist in Bayern schon einmal versucht worden. Das Gesetz vom 28. Mai 1852 über die gewerbsmäßigen Güterzertrümmerungen (GVBl. 1851/52 S. 293 ff.) verbot den gewerbsmäßigen Betrieb der parzellenweisen Veräußerung landwirtschaftlicher Gutskomplexe unter Androhung der Gefängnisstrafe bis zu drei Monaten und der Geldbuße von 100 bis 1000 Gulden. Die Wirkung dieser Vorschriften entsprach jedoch nicht den in sie gesetzten Erwartungen. Denn der Güterhandel verstand es trotz der scharfen Strafbestimmungen, sein Geschäft durch Vorschieben von Strohmännern und durch andere Vorsichtsmaßregeln weiterzubetreiben, so daß nur der reelle Handel gehindert, die Mißstände der Güterzertrümmerung aber nicht hintangehalten waren. Das Gesetz wurde deshalb nach 10jährigem Bestand durch Art. 2 Abs. II Ziff. 6 des Einführungsgesetzes zum Strafgesetzbuch vom 10. November 1862 (GVBl. 1861/62 S. 321) außer Kraft gesetzt.

Die zunehmenden Klagen über den Grundstückwucher führten im Jahre 1893 zum Erlaß des Reichsgesetzes betr. die Ergänzung der Bestimmungen über den Wucher vom 19. Juni 1893 (RGBl. S. 197 ff.), durch dessen Art. III dem Abs. 3 des § 35 der GewO. unter anderem auch der gewerbsmäßige Betrieb des Handels mit ländlichen Grundstücken eingefügt wurde.

Auf Grund dieser Vorschriften ist durch die Ministerialbekanntmachung vom 1. Januar 1894 (GVBl. S. 12) der gewerbsmäßige Handel mit ländlichen Grundstücken unter polizeiliche Überwachung gestellt worden. Zum Zwecke dieser Überwachung war vorgeschrieben 1. die Führung eines Geschäftsbuches durch jeden gewerbsmäßigen Händler mit ländlichen Grundstücken, in das jeder auf den Handel mit ländlichen Grundstücken bezügliche Vertragsabschluß mit Datum und Angabe des anderen Vertragsteiles sowie des Erwerbs- und Verkaufspreises einzutragen war; 2. die Erstattung der Anzeige über die beabsichtigte Durchführung einer Zertrümmerung noch vor deren Einleitung an die Distriktsverwaltungsbehörde; 3. die Verpflichtung des Güterhändlers, die polizeiliche Nachschau in seinen Geschäftsräumen und Büchern zu dulden. Diese Vorschriften galten auch für kommissionsweise, d. h. in Vertretung des Eigentümers durchgeführte Zertrümmerungen.

Zur Sicherung der bestehenden forstpolizeilichen Vorschriften wurde weiter durch Ministerialbekanntmachung vom 3. Oktober 1899 (GVBl. S. 844) den Güterhändlern die Verpflichtung auferlegt, über jedes Geschäft über ein Waldgrundstück eine besondere Anzeige zu erstatten.

Auf die bezüglich der Ablösung der Bodenzinse — Art. 19 des Gesetzes über die Fortsetzung der Grundentlastung vom 2. Februar 1898 (GVBl. S. 19) — und der Wiederaufforstung abgeholzter Waldflächen — Gesetz über die Abänderung des Forstgesetzes vom 26. Februar 1908 (GVBl. S. 87) — den Güterhändlern auferlegten Verpflichtungen ist später im Zusammenhang zurückzukommen, da diese Vorschriften durch das neue Gesetz nicht außer Wirksamkeit gesetzt sind.

Die gewerbepolizeilichen Vorschriften haben nicht dazu geführt, die Zunahme der Güterzertrümmerungen zu verhindern, sondern nur die Möglichkeit einer genauen statistischen Erfassung ihres Umfanges geboten. In der Begründung zum Gesetzentwurfe ist hierüber folgendes ausgeführt:

„Eine Einschränkung der Güterzertrümmerung haben alle diese Vorschriften nicht herbeizuführen vermocht. Vielmehr hat die Zerschlagung landwirtschaftlicher Anwesen im Verlaufe der letzten neun Jahre einen Umfang angenommen, der ein wirksames Einschreiten zum unabweisbaren Bedürfnis macht. Die Zahl der in einem Jahre zertrümmerten Anwesen ist von 549 im Jahre 1900/01 auf 1431 im Jahre 1908/09, die Gesamtfläche der der Zertrümmerung unterworfenen Anwesen von 8605 Hektar auf 21 555 Hektar, also um mehr als das 2½fache, gestiegen.

Der gewerbsmäßige Güterhandel ist hiebei im letzten Erhebungsjahr in 1173 Fällen mit einer Fläche von 18665,52 Hektar, also mit mehr als 80 % (81 % bzw. 86,5 %) beteiligt.

Die Gründe für diese Erscheinung sind natürlich nicht allein in der Tätigkeit der Güterhändler zu suchen, sondern liegen der Hauptsache nach wohl in der wirtschaftlichen Entwicklung der neueren Zeit. Durch die höheren Preise der landwirtschaftlichen Erzeugnisse in den letzten Jahren und durch die Vervollkommnung des landwirtschaftlichen Betriebes in technischer Beziehung hat sich der Wert des Grund und Bodens für den Landwirt erheblich gesteigert, der in der Lage ist, ihn intensiv zu bewirtschaften. Dieser Steigerung des möglichen Ertragswertes ist naturgemäß auch eine Erhöhung des Verkehrswertes landwirtschaftlicher Grundstücke gefolgt, die aber in Gegenden mit extensivem Betrieb nicht mehr mit dem tatsächlichen Ertragswert im Einklange steht. Dadurch erklärt es sich, daß die Güterzertrümmerung besonders in Oberbayern und Niederbayern den größten Umfang angenommen hat, wo der mittlere und der großbäuerliche Betrieb besonders stark vertreten ist, dessen Bewirtschafter teils infolge des Arbeitermangels, teils wegen Mangels genügenden Betriebskapitals eine intensive Wirtschaftsweise nicht einführen können. Hier übersteigt der Verkehrswert den wirklichen Ertragswert der Grundstücke und die starke Zunahme der Zertrümmerung ist in der Hauptsache nur die Erscheinungsform des wirtschaftlichen Gesetzes, daß der Boden den Weg zum tüchtigsten Wirt sucht.

Hätte der Geschäftsbetrieb der Güterhändler keine weiteren Folgen als die Beschleunigung dieses Entwicklungsganges, so bestünde vom rein wirtschaftlichen Standpunkt aus wohl keine Veranlassung, ihn durch gesetzliche Maßnahmen einzuschränken. Es ist zwar nicht zu verkennen, daß die durch die Tätigkeit der Güterhändler gesteigerte Mobilisierung von Grund und Boden auch wirtschaftliche Schäden für die Allgemeinheit zur Folge hat, weil durch die häufigen Besitzveränderungen erhebliche Ausfälle am Ernteertrag eintreten. Und die Steigerung des Verkehrswertes landwirtschaftlicher Grundstücke, die als Folgeerscheinung des lebhaften Güterverkehrs auftritt, bedeutet volkswirtschaftlich nicht nur keinen Gewinn, sondern verschlechtert das Verhältnis zwischen Bodenwert und Ertrag, erschwert wegen der erhöhten Verschuldung, die sie unmittelbar durch die hohen Grundstückpreise und mittelbar durch zu teuere Gutsübernahmen im Gefolge hat, die rationelle Bewirtschaftung von Grund und Boden und wirkt daher wirtschaftlich schädlich.

Insoferne ließen sich auch Maßregeln begründen, die der fortschreitenden Umwandlung des ländlichen Grundbesitzes zum Spekulations- und Handelsobjekte durch eine gesetzliche Einschränkung des Verkehrs mit landwirtschaftlichen Grundstücken allgemein entgegenwirken. Allein diese Gründe sind doch nicht schwerwiegend genug, um einen so weitgehenden Eingriff in das freie Verfügungsrecht über das Grundeigentum zu rechtfertigen.

Dagegen sind Maßnahmen zur Hintanhaltung der Schäden erforderlich, die durch den gewerbsmäßigen Betrieb der Güterzertrümmerung verursacht werden.

Diese schädlichen Folgen sind darin zu suchen, daß

der Güterhändler durch Ausnützung einer zeitweisen Notlage des Grundeigentümers oder durch Überredung und andere oft unlautere Mittel Zertrümmerungen auch da häufig herbeizuführen versteht, wo sie weder vom Standpunkte des Eigentümers noch von dem der Gemeinwirtschaft aus gerechtfertigt sind, daß die von ihm gestellten Zahlungsbedingungen, Zielfristen usw. häufig den wirtschaftlichen Untergang des Vorbesitzers oder der Käufer zur Folge haben, daß die Preise der Grundstücke unter Ausnützung des künstlich gesteigerten Landhungers über den möglichen Ertragswert hinaus in die Höhe getrieben werden und daß der vom Güterhändler bei der Zertrümmerung erzielte meist erhebliche Gewinn dem landwirtschaftlichen Betriebe dauernd entzogen wird. Dazu kommt, daß die Abveräußerung der Teilgrundstücke nur nach Maßgabe der größten Gewinnmöglichkeit für den Händler ohne jede Rücksicht auf die Bedürfnisse der Gemeinwirtschaft und der Landeskultur erfolgt und ein Restgut hinterläßt, das infolge seiner Gestaltung, der Überlastung mit Gebäulichkeiten und der Entblößung von Inventar nicht lebensfähig ist.

Gegen diese Auswüchse des gewerbsmäßigen Güterhandels sollten sich die zu ergreifenden Maßregeln richten und zum Ziele haben, den Grundstücksverkehr auf das wirtschaftlich berechtigte Maß zurückzuführen und von schädlichen Nebenerscheinungen zu befreien."

Zur Beseitigung der Mißstände, die bei dem gewerbsmäßigen Betrieb der Güterzertrümmerungen hauptsächlich wahrgenommen worden sind, sah der Gesetzentwurf vom 10. März 1910 vier verschiedene Maßnahmen vor, die sich aber alle nur auf den Fall beziehen, daß es sich um den Erwerb oder die Veräußerung eines landwirtschaftlichen Anwesens oder land- oder forstwirtschaftlicher Grundstücke handelt, die zusammen mindestens 5 Hektar Fläche haben, und daß bei dem Kaufvertrag als Käufer. Verkäufer, Vermittler oder als am Gewinn Beteiligter eine Person oder Korporation mitwirkt, die gewerbsmäßig mit landwirtschaftlichen Grundstücken handelt — „Güterhändler".

Zur Begründung dieser Maßnahmen ist in den Motiven folgendes ausgeführt:

Die Beschränkung der vorgesehenen Vorschriften auf die Fälle, in welchen eine Gutszertrümmerung unter Mitwirkung eines gewerbsmäßigen Güterhändlers vorgenommen oder beabsichtigt wird, birgt allerdings die Gefahr einer Umgehung des Gesetzes in sich. Denn die Möglichkeiten, welche das wirtschaftliche Leben für die Anpassung seiner Bedürfnisse an gesetzliche Schranken bietet oder neu schafft, sind so vielgestaltig, daß es kaum erreichbar ist, die gesetzlichen Vorschriften auf alle diese Möglichkeiten einzustellen. Allein trotz dieser Gefahr wäre es nicht gerechtfertigt, auch die nicht gewerbsmäßig durchgeführten Anwesensteilungen Vorschriften zu unterwerfen, die eine weitgehende Erschwerung des Verkehrs mit ländlichen Grundstücken und folgeweise eine fühlbare Wertsminderung solcher Grundstücke herbeiführen würden.

Zudem ist die Befürchtung, daß die Absichten des Gesetzes durch Umgehung seiner Bestimmungen vereitelt würden, bei der in Aussicht genommenen Regelung kaum mehr begründet als bei der Mehrzahl der übrigen Gesetze. Insbesondere wird die scharfe Abgrenzung des Begriffs eines „gewerbsmäßigen Güterhändlers", für die jetzt schon durch die Handhabung der geltenden gesetzlichen und gewerbepolizeilichen Bestimmungen genügende Anhaltspunkte geboten sind, beim Vollzuge des Gesetzes keine unlösbare Aufgabe für die Rechtsprechung bieten.

Die erste der im Entwurfe vorgesehenen Maßregeln ist die Einführung der Genehmigungspflicht für jede Zertrümmerung, die durch gewerbsmäßige Güterhändler in Ausübung ihres Gewerbes vorgenommen werden soll. Die Genehmigung soll nur versagt werden dürfen, wenn das verbleibende Restgut nicht mehr imstande ist, eine kleinbäuerliche Familie zu ernähren, kann aber an Bedingungen geknüpft werden, welche die Gestaltung des Restgutes, die Erhaltung des zu dessen Bewirtschaftung notwendigen Inventars, die Ablösung der Komplexlasten und die Sicherstellung von Leibgedingsforderungen (Austragsforderungen) zum Gegenstand haben können. Die Genehmigungspflicht soll also die gewerbsmäßige Güterzertrümmerung nicht verhindern, sondern nur dazu dienen, daß bei diesen Zerschlagungen die Forderungen der Gemeinwirtschaft und der Landeskultur nicht unberücksichtigt bleiben. Die Klagen über unwirtschaftliche Gestaltung der Restgüter (Hintergüter) sind mit der gewerbsmäßigen Güterzertrümmerung von jeher verbunden. Die Ursache dieser Mißstände liegt darin, daß meistens alle Grundstücke, die wegen ihrer Güte, ihrer Lage oder ihrer Betriebsart leicht Käufer finden, wegveräußert werden, und daß als Hintergut ein Anwesen verbleibt, das infolge der Überlastung mit für den Betrieb unnötigen oder zu großen Gebäulichkeiten, infolge der Entblößung vom erforderlichen Inventar und der ungünstigen zerstreuten Lage oder der unwirtschaftlichen Zusammensetzung der Grundstücke auch dann nicht mit Gewinn bewirtschaftet werden kann, wenn es zu scheinbar billigem Preis in die Hand des Käufers übergeht. Die Folge solcher Mißbildungen ist meist nicht nur eine wirtschaftliche Schädigung des Käufers, der infolge Verfalls der Zielfristen das Anwesen nicht halten kann, sondern auch ein Schaden für die Gemeinwirtschaft, weil solche Anwesen durch häufigen Besitzwechsel im Ertrag zurückgehen. Die Gefahr des wiederholten Besitzwechsels liegt um so näher, wenn noch die früher auf dem Gesamtanwesen ruhenden Komplexlasten bei der Zertrümmerung auf das viel kleinere Hintergut gelegt werden, das wirtschaftlich nicht imstande ist, sie zu tragen.

Diesen Hauptmißständen soll durch Auferlegung von Bedingungen bei der Genehmigung begegnet werden.

Ferner ist die Sicherstellung von Leibgedingsforderungen und die Auferlegung der Verpflichtung vorgesehen, daß abveräußerte Grundstücke vor der Verbriefung abgemarkt werden müssen, um die beim Verkauf unvermarkter Grundstücke häufig vorkommenden Übervorteilungen zu verhindern.

Die zweite Maßregel ist die Einführung eines gesetzlichen innerhalb 14 Tagen auszuübenden **Rücktrittsrechtes** für jeden Grundeigentümer, der ein landwirtschaftliches Anwesen oder landwirtschaftliche Grundstücke von dem angegebenen Flächeninhalt an einen gewerbsmäßigen Güterhändler veräußert. Hiedurch soll den häufig vorkommenden unüberlegten Anwesensverkäufen vorgebeugt werden, die in augenblicklicher Geldverlegenheit oder in der Notlage wegen Fehlens der Dienstboten vorkommen oder von den Güterhändlern durch Überredung, Alkoholverabreichung oder sonstige Geschäftskniffe herbeigeführt werden und zwar oft so plötzlich, daß nicht einmal die nächsten Angehörigen vorher etwas davon erfahren. Das Rücktrittsrecht, dessen Ausübung durch keinerlei Abmachung ausgeschlossen oder erschwert werden kann, soll die Möglichkeit bieten, daß der Verkäufer einen unbedachten Entschluß noch einmal überlegt und daß übereilte Verkäufe durch Einwirkung der Verwandten oder gemeinnütziger Vereine rückgängig gemacht werden können.

Die dritte Maßregel ist die **Einführung eines gesetzlichen Vorkaufsrechtes** zugunsten der Gemeinde, des in der Gemeinde bestehenden landwirtschaftlichen Darlehenskassenvereins oder sonstiger vom Staatsministerium des Innern bezeichneter juristischer Personen bei Veräußerung landwirtschaftlicher Anwesen oder Grundstücke von mindestens 5 Hektar Flächeninhalt, die innerhalb der dem Verkauf vorhergehenden drei Jahre gemeinschaftlich bewirtschaftet worden sind, an einen Güterhändler. Diese Vorschrift hat den Zweck, den genannten Organisationen ein wirksames Eingreifen bei Anwesensverkäufen an Stelle der gewerbsmäßigen Güterhändler zu ermöglichen und erreicht ihn vollständiger als die in den bisherigen Anträgen und Gutachten geforderte Mitteilung der Anzeigen der Güterhändler über beabsichtigte Güterzertrümmerungen an die Darlehenskassenvereine. Denn sie verhindert, daß die Güterhändler durch die Häufung von Anzeigen über Güterzertrümmerungen, die gar nicht zur Ausführung kommen, die Tätigkeit der Vereine irreführen und lähmen, und sie schließt aus, daß das Eingreifen der Vereine durch Preisangebote unmöglich gemacht wird, die der Güterhändler vor der Anzeige dem Anwesensbesitzer macht, aber nie zu halten gewillt ist. Sie hat ferner den Vorteil, daß eine Steigerung der Grundstückspreise durch den Wettbewerb zwischen Güterhändler und Darlehenskassenverein vermieden und die Abwälzung der dem Güterhändler auferlegten Abgabe (Art. 12) auf den Verkäufer des Anwesens erschwert sind. Die rechtliche Zulässigkeit der vorgeschlagenen Maßnahmen gegenüber dem Bürgerlichen Gesetzbuch beruht auf Art. 119 Ziff. 1 des Einführungsgesetzes zum Bürgerlichen Gesetzbuch.

Die vierte Maßnahme endlich ist die Einführung einer Abgabe für die Genehmigung zur Zertrümmerung eines Anwesens, die zur Hälfte in die Staatskasse, zur Hälfte in die Kasse der Gemeinde fließen soll, in deren Bezirk die Grundstücke liegen.

Der gesetzgeberische Grund für diese Belastung des gewerbsmäßigen Güterhandels ist kein fiskalischer. Vielmehr verfolgt die Abgabe den Zweck, die Gemeinden und Darlehenskassenvereine, welche regelmäßig von ihr befreit bleiben, in den Stand zu setzen, mit den Güterhändlern erfolgreich in Wettbewerb zu treten. Gerechtfertigt erscheint die Abgabe durch den hohen und häufig mühelosen Gewinn, den die gewerbsmäßigen Güterhändler erfahrungsgemäß aus dem Zertrümmerungsgeschäft ziehen.

Durch die Überweisung der Hälfte des Gebührenanfalles an die Gemeinden wird erreicht, daß wenigstens ein Teil des vom Güterhändler erzielten Gewinnes in der Gemeinde bleibt und so doch mittelbar der Landwirtschaft zugute kommt. Die Gefahr der Abwälzung der Gebühr auf den Vorbesitzer oder die Grundstückskäufer ist durch den Wettbewerb der Gemeinden und Darlehenskassenvereine wesentlich vermindert. Den Zweck der Stärkung gemeinnütziger Genossenschaften im Wettbewerb mit den Güterhändlern verfolgt auch die Vorschrift, daß solchen Genossenschaften bei Weiterveräußerung der zur Zertrümmerung erworbenen Anwesen die Hälfte der nach Art. 146 des Gebührengesetzes beim Erwerb entrichteten Gebühr auf Antrag zurückvergütet wird.

Um einer Umgehung des Gesetzes möglichst vorzubeugen und die ungünstigen Erfahrungen, die in dieser Beziehung früher und anderwärts gemacht worden sind, zu vermeiden, sind die Vorschriften auf alle Fälle erstreckt, in denen ein gewerbsmäßiger Güterhändler bei einer Zertrümmerung als Unternehmer, Vertreter oder Gewinnbeteiligter mitwirkt.

Die Verhandlungen in der Kammer der Abgeordneten (Verh. d. K. d. Abg. XXXV. Landtagsversammlung II. Session 1909/10, Beil. 940, Sten.Ber. Nr. 311, 312) haben zu einer ziemlich einschneidenden Abänderung des Entwurfes geführt. Vor allem wurden die Bestimmungen über die Genehmigungspflicht gestrichen. Man war sich dabei bewußt, daß man sich dadurch vor allem der Einwirkung auf eine wirtschaftliche Gestaltung des Restgutes begebe und auf einen wichtigen Teil der Maßregeln verzichte, die zur Eindämmung der Güterzertrümmerung ergriffen werden können. Andererseits konnten die Bedenken wegen der Erschwerung des Güterhandels und der den Distriktsverwaltungsbehörden zufallenden schweren und undankbaren Aufgabe nicht überwunden werden. Auch die vorgesehene besondere Abgabe für die Genehmigung der Zertrümmerung wurde gestrichen, weil befürchtet wurde, daß der Güterhändler die Abgabe doch auf den Verkäufer oder Käufer abwälze.

Weiter sind die Fristen für Ausübung des Vorkaufsrechtes und des Rücktrittsrechtes wesentlich verkürzt worden, da die Befürchtung gehegt wurde, daß durch die im Entwurfe vorgesehenen längeren Fristen eine zu große Unsicherheit in den Grundstückverkehr gebracht und der Geschäftsbetrieb der Güterhändler überhaupt unterbunden würde.

Neu eingefügt in den Entwurf wurde das Rücktrittsrecht der Parzellenkäufer, um einen gewissen Ersatz für den durch die Genehmigungspflicht beabsichtigten Schutz des Käufers des Restgutes zu schaffen und auch den Käufern der einzelnen Grundstücke die Möglichkeit zu bieten, die durch unüberlegte Käufe und Übervorteilungen des Güterhändlers drohenden Schädigungen rückgängig zu machen. Ferner wurde an Stelle der Abgabe für Genehmigung der Zertrümmerung eine in mäßigen Grenzen gehaltene Gebühr für Prüfung der Geschäftsbücher der Güterhändler durch die Distriktsverwaltungsbehörden eingeschaltet, die im Rahmen von 10 *M* bis 100 *M* jährlich höchstens einmal erhoben werden kann.

Nach diesen Abänderungen, über die übereinstimmende Beschlüsse der beiden Kammern erzielt wurden, beschränkt sich das Gesetz nun im wesentlichen auf die Einführung eines Vorkaufsrechtes der Gemeinde, der für die Gemeinde bestehenden ländlichen Kreditgenossenschaft und der Bayerischen Zentraldarlehenskasse, sowie eines Rücktrittsrechtes des Verkäufers für den Fall, daß der Eigentümer geschlossen bewirtschafteter landwirtschaftlicher Grundstücke, — das sind landwirtschaftliche oder forstwirtschaftliche Anwesen oder Grundstücke von mindestens 5 Hektar Flächeninhalt, die innerhalb der letzten drei Jahre vor der Veräußerung zusammen bewirtschaftet worden sind —, sich verpflichtet, das Eigentum an den Grundstücken an einen gewerbsmäßigen Händler mit landwirtschaftlichen Grundstücken (Güterhändler) zu übertragen; ferner eines Rücktrittsrechtes für denjenigen, der sich verpflichtet, bei Zertrümmerung geschlossen bewirtschafteter landwirtschaftlicher Grundstücke durch einen Güterhändler eines der Grundstücke zu erwerben.

Die Frist zur Ausübung des Vorkaufsrechtes beträgt drei Wochen vom Abschluß des Kaufvertrages an, die für das Rücktrittsrecht des Verkäufers eine Woche, jene für das Rücktrittsrecht des Käufers fünf Tage.

Die Vereinbarung, durch die ein Güterhändler in den vorbenannten Fällen sich gegenüber dem Verkäufer oder Käufer der Grundstücke ein Rücktrittsrecht vorbehält, ist als nichtig erklärt, ebenso Vereinbarungen durch die der Berechtigte auf das Rücktrittsrecht verzichtet, oder durch welche die Ausübung des Rücktrittes erschwert oder nur gegen Entrichtung einer Konventionalstrafe zugelassen wird.

Werden bei der Zertrümmerung geschlossen bewirtschafteter landwirtschaftlicher Grundstücke durch einen Güterhändler Grundstücke veräußert, die noch nicht abgemarkt sind, so ist der Güterhändler — von bestimmten Ausnahmen abgesehen — verpflichtet, das Grundstück vor Abschluß des Vertrages abmarken zu lassen.

Was die Gesetzgebung in anderen Staaten anlangt, so bestehen ältere Bestimmungen, die sich mit der Güterzertrümmerung beschäftigen, nur in Württemberg, Sachsen und Sachsen-Altenburg.

In Württemberg war kurz nach der bayerischen Gesetzgebung des Jahres 1852 ein Gesetz über die Beseitigung der bei Liegenschaftsveräußerungen und insbesondere bei der Zerstückelung von Bauerngütern vorkommenden Mißbräuche vom 23. Juni 1853 erlassen worden, das bis zum Jahre 1900 in Geltung war und erst durch die Art. 172—174 des württembergischen Ausführungsgesetzes zum Bürgerlichen Gesetzbuch ersetzt wurde. Die einschneidendste Bestimmung desselben war, daß der Wiederverkauf von Grundstücken, die einzeln oder zusammen mit mindestens 10 Morgen (= 3 Hektar) Fläche durch Kauf oder Tausch erworben waren, binnen drei Jahren nach der Erwerbung nur im ganzen oder nur bis zu einem Viertel (Freiteil) erfolgen durfte. Ausnahmen und eine Dispensbefugnis der Kreisregierung waren vorgesehen.

Ferner war für freie Grundstückverkäufe von zehn Morgen Fläche eine Reufrist von mindestens drei Tagen festgesetzt.

Die erstgenannte Bestimmung ist durch die erwähnten Art. 172—174 des Ausführungsgesetzes zum Bürgerlichen Gesetzbuch fast unverändert beibehalten worden.

Im Königreiche Sachsen ist noch in Geltung das Gesetz über die Teilbarkeit des Grundeigentums vom 30. November 1843, welches die Abveräußerung von Teilgrundstücken geschlossener Grundkomplexe teilweise ziemlich weitgehenden Beschränkungen unterwirft.

In Sachsen-Altenburg schreibt das Gesetz vom 9. April 1859 für Zerschlagungen von Gütern und geschlossenen Grundstückkomplexen auf dem Lande von mehr als fünf Ackern (= 3,2 Hektar) Fläche die vorgängige Genehmigung der Landesregierung vor.

In Hessen ist durch Ministerialbekanntmachung vom 27. Juni 1908 und 2. Januar 1909 über den gewerbsmäßigen Handel mit ländlichen Grundstücken vorgeschrieben worden, daß die Güterhändler von jedem beabsichtigten Erwerb und von jeder beabsichtigten Veräußerung ländlicher Grundstücke spätestens zwei Wochen vor Abschluß eines Vertrages dem Kreisamt Anzeige zu erstatten haben, und daß die Bestätigung über diese Anzeige, die unwirksam wird, wenn das beabsichtigte Rechtsgeschäft nicht binnen zwei Monaten beurkundet worden ist, der beurkundenden Behörde vor der Beurkundung vorgelegt werden muß.

Im Herzogtum Koburg endlich ist durch Gesetz vom 17. Dezember 1908 eine besondere Abgabe für gewerbsmäßige Güterhändler eingeführt worden, die für jede Zerschlagung nach dem Werte des zerschlagenen Gutes und nach dem mutmaßlichen aus der Zerschlagung gezogenen Gewinne 50 *M* bis 5000 *M* beträgt und durch Zuschläge der Gemeinden bis zu 50 % erhöht werden kann. Ferner ist die Anzeigeerstattung an die Bezirksverwaltungsbehörde vor Einleitung einer Zerschlagung oder eines Verstriches — letzterenfalles mindestens zehn Tage vorher — vorgeschrieben.

Diese Bestimmungen sind durch Gesetz vom 20. April 1909 dahin abgeändert worden, daß für jede Zerschlagung land- und forstwirtschaftlich genutzter Grundstücke eine zur Staatskasse fließende Abgabe im Betrage von 50 *M* bis 10000 *M* erhoben wird, und daß zur Zahlung der Abgabe verpflichtet ist, wer die Zerschlagung im eigenen Namen oder im fremden Auftrage vornimmt, oder wer durch Vermittelung zwischen dem bisherigen Eigentümer und Dritten die Zerschlagung zustande bringt, oder sie zwar auf den Namen des bisherigen Eigentümers oder eines Dritten, aber auf seine Rechnung oder unter Vorstreckung der erforderlichen Mittel vornehmen läßt.

Fast gleichlautende Bestimmungen sind für das Herzogtum Gotha durch Gesetz vom 10. April 1909 erlassen worden. Doch ist hier vorgesehen, daß Ausnahmen zugelassen werden für Grundstückteilungen, die nicht als gewerbsmäßige Zertrümmerungen zu betrachten sind — Grundstückteilungen aus volkswirtschaftlichen Gründen zur Schaffung von Landarbeiterstellen, durch gemeinnützige Genossenschaften, Veräußerung von Nachlaßgrundstücken, Gutsübergabe, Zerschlagung von Grundstücken von nicht mehr als insgesamt 5 Hektar durch den Eigentümer ohne Vermittelung eines gewerbsmäßigen

Güterhändlers, Wiederveräußerung von Grundstücken, die im Zwangsversteigerungsverfahren oder im Konkurs zur Befriedigung einer Forderung erworben worden sind 2c. 2c.

Der Rahmen für die Abgabe ist hier auf 20 *M* bis 10000 *M* bemessen.

In der Schweiz ist duch das Zivilgesetzbuch den Kantonen das Recht eingeräumt, den stückweisen Wiederverkauf landwirtschaftlicher Anwesen — abgesehen von bestimmten Ausnahmen — vor Ablauf einer Frist von höchstens fünf Jahren zu verbieten (schweizerisches Zivilgesetzbuch vom 10. Dezember 1907 Art. 702 und Schlußtitel Art. 58. 271 des Bundesgesetzbl. 1908 S. 516). Auf Grund dieser Ermächtigung ist zurzeit für den Kanton St. Gallen ein Gesetzentwurf gegen die Güterschlächterei ausgearbeitet worden.

Landtagsverhandlungen.

Die Kammerverhandlungen über das Güterzertrümmerungsgesetz sind abgedruckt in:

Verhandlungen der Kammer der Abgeordneten 1909/1910.
- Beil. 852. Gesetzentwurf mit Begründung.
- Beil. 940. Mündlicher Bericht des XIII. Ausschusses.
- Beil. 944. Beschluß der K. d. Abg.
- Beil. 1147. Gesamtbeschluß.
- Sten. Berichte Bd. X S. 1035 ff. Beratung.
- " " " " S. 1048 ff. "

Verhandlungen der Kammer der Reichsräte 1909/1910.
- Bericht des Reichsrates Freiherrn von Lindenfels vom 22. Juni 1910.
- Protokoll des I. und III. Ausschusses vom 12. Juli 1910.
- Sten. Berichte Bd. II S. 427 ff. Beratung.

I. Gesetz über die Güterzertrümmerung
vom 13. August 1910.

(GVBl. S. 627).

Im Namen Seiner Majestät des Königs.
Luitpold,
von Gottes Gnaden Königlicher Prinz
von Bayern, Regent.

Wir haben nach Vernehmung des Staatsrats mit Beirat und Zustimmung der Kammer der Reichsräte und der Kammer der Abgeordneten beschlossen und verordnen, was folgt:

Vorkaufsrecht. **Art. 1.**

[1] Verkauft der Eigentümer geschlossen bewirtschafteter landwirtschaftlicher Grundstücke die Grundstücke ganz oder teilweise an einen gewerbsmäßigen Händler mit landwirtschaftlichen Grundstücken (Güterhändler), so sind zum Vorkaufe berechtigt

1. jede Gemeinde, in deren Bezirk eines der Grundstücke liegt,
2. der für eine solche Gemeinde bestehende gemeinnützige landwirtschaftliche Darlehenskassenverein,
3. die sonstigen von dem Staatsministerium des Innern bezeichneten juristischen Personen.

II Das Vorkaufsrecht erstreckt sich auf das Zubehör, das mit dem Grundstücke verkauft wird.

III Die Vorschriften der Abs. I, II finden auch Anwendung, wenn der Güterhändler den Kaufvertrag nicht für sich, sondern als Vertreter eines anderen abschließt.

Art. 2.

I Der Güterhändler hat der Distriktsverwaltungsbehörde, in deren Bezirke die verkauften Grundstücke liegen, binnen 3 Tagen nach dem Abschlusse des Vertrags von diesem Anzeige zu erstatten. Liegen die verkauften Grundstücke in den Bezirken mehrerer Distriktsverwaltungsbehörden, so ist die Anzeige an die Distriktsverwaltungsbehörde zu erstatten, in deren Bezirke der Betriebssitz oder, wenn ein solcher nicht vorhanden ist, die größere Fläche der Grundstücke liegt.

II Die Anzeige hat den Namen, Beruf und Wohnort des Verkäufers, die Plannummern, den Flächeninhalt und die Steuergemeinde der Grundstücke, den Kaufpreis und die Zahlungsbedingungen sowie die Belastung des Anwesens mit Bodenzinsen zu enthalten. Der Anzeige wird durch Vorlage einer Abschrift des Vertrags genügt.

III Die Distriktsverwaltungsbehörde gibt von der Anzeige den im Art. 1 genannten Vorkaufsberechtigten unverzüglich Kenntnis.

Art. 3.

I Die Frist zur Ausübung des Vorkaufsrechts beträgt drei Wochen. Sie beginnt mit dem Abschlusse des Vertrags und läuft auch, wenn der Vorkaufsberechtigte von dem Abschlusse des Vertrags keine Kenntnis hat.

II In Fällen, in denen ein beschleunigter Verkauf nötig ist, kann die Distriktsverwaltungsbehörde (Art. 2) auf Antrag eines Beteiligten die Frist verkürzen.

III Die Ausübung des Vorkaufsrechts erfolgt durch Erklärung gegenüber dem Grundbuchamt, in dessen Bezirke die verkauften Grundstücke liegen; liegen sie in den Bezirken mehrerer Grundbuchämter, so ist die Erklärung an das Grundbuchamt zu richten, in dessen Bezirke der Betriebssitz oder wenn ein solcher nicht vorhanden ist, die größere Fläche der Grundstücke liegt. Die Erklärung bedarf nicht der für den Kaufvertrag bestimmten Form. Das Grundbuchamt hat die Erklärung dem Güterhändler unverzüglich mitzuteilen.

IV Sind mehrere Vorkaufsberechtigte vorhanden, so kann jeder das Vorkaufsrecht ausüben. Kommt eine Einigung zwischen mehreren Vorkaufsberechtigten nicht zustande, so hat der Vorkaufsberechtigte den Vorrang, welcher die Erklärung zuerst abgegeben hat. Erfolgen die Erklärungen gleichzeitig, so kann die Distriktsverwaltungsbehörde (Art. 2) auf Antrag bestimmen, welcher Vorkaufsberechtigte den Vorrang hat.

Art. 4.

I Dritten gegenüber hat das Vorkaufsrecht die Wirkung einer Vormerkung zur Sicherung des durch die Ausübung des Rechtes entstehenden Anspruchs auf Übertragung des Eigentums.

II Im übrigen bestimmt sich das Rechtsverhältnis zwischen dem Berechtigten und dem Verpflichteten und, wenn die Grundstücke in das Eigentum eines Dritten kommen, zu diesem nach § 504, § 505 Abs. II, §§ 506—508, 511, 512, 514, § 1099 Abs. II, §§ 1100—1102 des Bürgerlichen Gesetzbuchs.

Rücktrittsrecht.

Art. 5.

I Wer sich verpflichtet, das Eigentum an geschlossen bewirtschafteten landwirtschaftlichen Grundstücken an einen Güterhändler zu übertragen, ist berechtigt, innerhalb einer Woche nach dem Abschlusse des Vertrags von diesem zurückzutreten.

II Wenn geschlossen bewirtschaftete landwirtschaftliche Grundstücke durch den Eigentümer auf Rechnung eines Güterhändlers oder durch einen Güterhändler stückweise veräußert (zertrümmert) werden, ist jeder, der sich verpflichtet, eines der Grundstücke zu erwerben, berechtigt, innerhalb fünf Tagen nach dem Abschlusse des Vertrags von diesem zurückzutreten.

III Der Rücktritt erfolgt durch Erklärung gegenüber dem Notariate, durch das der Vertrag beurkundet worden ist. Das Notariat hat die Erklärung dem Güterhändler unverzüglich mitzuteilen.

IV Auf das Rücktrittsrecht finden die für das vertragsmäßige Rücktrittsrecht geltenden Vorschriften der §§ 346—348, 350—354, 356 des Bürgerlichen Gesetzbuchs entsprechende Anwendung.

V Ein Verzicht auf das Rücktrittsrecht ist nichtig, auch wenn er erst nach dem Abschlusse des Vertrags erfolgt. Gleiches gilt von Vereinbarungen, durch welche die Ausübung des Rücktritts für den Rücktrittsberechtigten abweichend von Abs. IV erschwert oder eine Strafe für den Fall versprochen wird, daß das Rücktrittsrecht ausgeübt wird.

VI Die Vorschriften der Abs. I—V finden auch Anwendung, wenn der Güterhändler nicht für sich, sondern als Vertreter eines anderen handelt.

Art. 6.

Die Vereinbarung, durch die ein Güterhändler in einem Vertrage der im Art. 1 oder im Art. 5 bezeichneten Art sich den Rücktritt vorbehält, ist nichtig. Dies gilt auch, wenn der Güterhändler nicht für sich, sondern als Vertreter eines anderen handelt.

Abmarkung.

Art. 7.

I Wenn ein Güterhändler bei der Zertrümmerung geschlossen bewirtschafteter landwirtschaftlicher Grundstücke im eigenen Namen oder als Vertreter eines anderen eines der Grundstücke veräußert, das noch nicht abgemarkt ist, so ist er verpflichtet, das Grundstück vor der Beurkundung des Vertrags abmarken zu lassen. Wenn der Eigentümer der Grundstücke das Grundstück auf Rechnung des Güterhändlers veräußert, so trifft diese Verpflichtung den Eigentümer.

II Die Kosten der Abmarkung einschließlich jener für die Einmessung der Grenzzeichen hat derjenige zu tragen, dem nach Abs. I die Abmarkungspflicht obliegt. Ist dies nicht der Güterhändler, so haftet dieser neben dem Abmarkungspflichtigen als Gesamtschuldner.

III Die Verpflichtung zur Abmarkung tritt nicht ein, soweit das Grundstück an ein Grundstück des Erwerbers angrenzt.

IV Die Distriktsverwaltungsbehörde (Art. 2) kann Ausnahmen von der Vorschrift des Abs. I zulassen.

Strafvorschriften.

Art. 8.

I Wer die im Art. 2 vorgeschriebene Anzeige vorsätzlich unterläßt oder unrichtig erstattet, wird mit Haft, in leichteren Fällen an Geld bis zu 1000 *M* gestraft.

II Wer die Anzeige aus Fahrlässigkeit unterläßt oder unrichtig erstattet, wird an Geld bis zu 200 *M* gestraft.

Art. 9.

Wer entgegen der Vorschrift des Art. 7 ein Grundstück veräußert, ohne daß es abgemarkt worden ist, wird an Geld bis zu 150 *M* gestraft.

Schlußvorschriften.

Art. 10.

I Als geschlossen bewirtschaftete Grundstücke gelten landwirtschaftliche Anwesen oder Grundstücke von mindestens 5 ha Flächeninhalt, die innerhalb der letzten 3 Jahre vor der Veräußerung zusammen bewirtschaftet worden sind.

II Durch Königliche Verordnung kann bestimmt werden, daß die Vorschriften dieses Gesetzes in einzelnen Landesteilen auf Anwesen und Grundstücke von mindestens 3 ha Flächeninhalt Anwendung finden.

Art. 11.

Zu den landwirtschaftlichen Grundstücken gehören auch die der Privatwaldwirtschaft dienenden.

Art. 12.

I Die Vorschriften dieses Gesetzes finden entsprechende Anwendung:

1. wenn die Grundstücke von dem Güterhändler nicht im ganzen, sondern einzeln oder
2. wenn sie von einem Dritten, jedoch für Rechnung eines Güterhändlers oder
3. wenn sie von einem Güterhändler und einem Dritten gemeinschaftlich erworben worden sind.

II Im Falle des Abs. I Ziff. 2 obliegt die im Art. 2 bezeichnete Anzeige dem Dritten; im Falle des Abs. I Ziff. 3 obliegt sie sowohl dem Dritten als auch dem Güterhändler; die Anzeige des einen befreit den andern.

III Der Art. 7 findet in den Fällen des Abs. I Ziff. 2, 3 Anwendung, auch wenn der Dritte die Zertrümmerung vornimmt.

Art. 13.

Die Vorschriften dieses Gesetzes finden keine Anwendung:

1. wenn der Güterhändler das Anwesen oder die Grundstücke nicht durch ein Rechtsgeschäft unter Lebenden oder von einem Verwandten oder Verschwägerten bis zum dritten Grade oder als Erbe oder Vermächtnisnehmer aus einem Nachlaß erworben hat;
2. wenn die Zertrümmerung durch den Konkursverwalter erfolgt.

Art. 14.

I Die Vorschriften dieses Gesetzes gelten für Genossenschaften und ähnliche juristische Personen, welche den Handel mit ländlichen Grundstücken gewerbsmäßig betreiben, nur dann, wenn sie nicht gemeinnützig sind.

II Wenn gemeinnützige Genossenschaften oder juristische Personen ein landwirtschaftliches Anwesen oder landwirtschaftliche Grundstücke weiter veräußern, die sie zum Zwecke der Weiterveräußerung erworben haben, so wird ihnen die Gebühr, die sie nach Art. 146 des Gebührengesetzes für den Erwerb des weiter veräußerten Grundstücks entrichtet haben, auf Antrag zur Hälfte zurückerstattet. Der Antrag muß binnen sechs Monaten nach der Veräußerung bei dem Rentamte gestellt werden.

III Nicht als gemeinnützig gelten Genossenschaften oder juristische Personen, die satzungsgemäß die Einzahlungen der Mitglieder mit mehr als 5 % jährlich verzinsen oder den Mitgliedern im Falle der Auflösung mehr als die Einzahlungen ausantworten.

Art. 15.

Die Vorschriften des Gesetzes vom 26. Februar 1908 über die Abänderung des Forstgesetzes werden durch dieses Gesetz nicht berührt.

Art. 16.

Für die Prüfung der Bücher des Güterhändlers durch die Distriktsverwaltungsbehörde ist eine Gebühr von 10—100 *M* zur Staatskasse zu entrichten. Die

Gebühr darf in jedem Jahre nur einmal erhoben werden.

Art. 17.

Die zum Vollzuge dieses Gesetzes erforderlichen Ausführungsvorschriften werden von den Staatsministerien der Justiz, des Innern und der Finanzen erlassen.

Gegeben zu Hohenschwangau, den 13. August 1910.

Luitpold,
Prinz von Bayern,
des Königreichs Bayern Verweser.

Dr. Frhr. v. Podewils. Dr. v. Miltner. Dr. v. Wehner. v. Frauendorfer. Dr. v. Pfaff. v. Brettreich. Staatsrat v. Schoch.

Auf Allerhöchsten Befehl:
Der Ministerialrat
im K. Staatsministerium des Innern:
Knözinger.

II. Erläuterungen

zu dem

Gesetz über die Güterzertrümmerung

vom 13. August 1910.

(GVBl. S. 627.)

Einleitende Bemerkungen.

1. Das GG. enthält nach der Gestaltung, die es durch die Beschlüsse des Landtags erhalten hat, in der Hauptsache privatrechtliche Bestimmungen, während der Regierungsentwurf auch sehr einschneidende öffentlichrechtliche (gewerbepolizeiliche) Vorschriften vorsah. Die privatrechtlichen Vorschriften des Gesetzes bestehen in

1. dem gesetzlichen Vorkaufsrecht (Art. 1),
2. dem gesetzlichen Rücktrittsrecht des veräußernden Grundeigentümers (Art. 5 Abs. I),
3. dem gesetzlichen Rücktrittsrecht des Parzellenkäufers (Art. 5 Abs. II),
4. der Nichtigkeitserklärung eines vertragsmäßigen Verzichts auf das Rücktrittsrecht (Art. 5 Abs. V),
5. der Nichtigkeitserklärung eines vertragsmäßigen Rücktrittsvorbehalts des erwerbenden oder veräußernden Güterhändlers (Art. 6).

Diese Vorschriften stützen sich auf Art. 119 Abs. I Ziff. 1 EG. z. BGB. welcher lautet:

„Unberührt bleiben die landesgesetzlichen Vorschriften, welche

1. die Veräußerung eines Grundstücks beschränken."

Die Begründung zu dem Regierungsentwurf führt in dieser Beziehung aus (S. 803):

„Die rechtliche Zulässigkeit des in Art. 7 festgesetzten Rücktrittsrechts gründet sich auf den Art. 19 Ziff. 1 EG.

z. BGB. Man könnte zwar die Frage aufwerfen, ob der Eigentümer durch die Einführung eines Rücktrittsrechtes in seiner Veräußerungsbefugnis beschränkt wird, denn scheinbar erweitert das Rücktrittsrecht seine Machtstellung gegenüber dem Käufer.

Allein zunächst bewirkt das gesetzliche Rücktrittsrecht schon wirtschaftlich eine Einschränkung der Verkaufsmöglichkeit, denn der Kreis der Käufer wird dadurch geringer und die Verkaufsbedingungen werden ungünstig beeinflußt.

In rechtlicher Beziehung aber kommt in Betracht, daß das Rücktrittsrecht des Art. 7 unverzichtbar und unbeschränkbar ist. Es ist als eine Beschränkung der Veräußerung auch dann zu erachten, wenn dem Eigentümer eines Grundstücks verboten ist, sein Grundstück ohne Geltung eines Rücktrittsrechts zu veräußern."

Gegenüber den bei den Verhandlungen der Abgeordnetenkammer von dem Abgeordneten Dr. Goldschmit geäußerten Zweifeln über die reichsrechtliche Zulässigkeit der vorgesehenen Vorschriften führte der Regierungsvertreter aus:

„Was die rechtlichen Bedenken des Herrn Abgeordneten Dr. Goldschmit betrifft, so stützen sich der Art. 5 und ebenso der Art 6 der Ausschußbeschlüsse auf den Art. 119 EG. z. BGB., der die landesgesetzlichen Vorschriften unberührt läßt, nach denen die Veräußerung von Grundstücken beschränkt werden kann. Daß eine Beschränkung der Veräußerung jedenfalls soweit vorliegt, als der Veräußerer beschränkt wird, hat der Herr Abgeordnete heute im Gegensatz zu seiner Haltung im Ausschusse ausdrücklich zugegeben. Gegen die Bestimmung des Art. 5 Abs. II, soweit sie das Rücktrittsrecht des Parzellenerwerbs betrifft, hat er kein Bedenken mehr, soweit der Art. 6 das Verbot enthält, daß der Güterhändler ein Rücktrittsrecht sich ausbedingen darf, wenn der andere erwirbt.

Dagegen hat er Bedenken bezüglich des Art 5 Abs. I und des dem Art. 5 Abs. I korrespondierenden Teils des Art. 6.

In der Begründung des Entwurfs wurde schon die Befugnis der Landesgesetzgebung zu den bezeichneten Vorschriften behandelt, weil das Rücktrittsrecht ein sehr wesentlicher Teil des Entwurfs ist und weil der Art. 119 des Einführungsgesetzes auf den ersten Blick vielleicht den Eindruck erwecken könnte, als ob in Art. 119 des Einführungsgesetzes lediglich erlaubt wäre, dem Veräußerer eine Beschränkung aufzuerlegen. Allein Art. 119 beschränkt nicht den „Veräußerer", sondern er beschränkt die „Veräußerung" und die Veräußerung besteht nicht aus dem einen Teil, nicht bloß aus der Erklärung des Veräußerers, sondern sie besteht auch aus der Erklärung des Erwerbers. Aber selbst von dieser Argumentation abgesehen, liegt in der Tat eine Beschränkung des Veräußerers vor. Denn wenn das Gesetz dem Veräußerer vorschreibt, den Vertrag unter einer bestimmten Bedingung zu schließen oder, wie man es auch ausdrücken kann, wenn es ihm verbietet, den Vertrag anders als mit dem Rücktrittsrecht zu schließen, so ist das doch offensichtlich eine Beschränkung der Veräußerers. Dem Veräußerer ist nicht freie Hand gelassen, wie er den Vertrag gestalten will; die Vertragsfreiheit, wie sie das Bürgerliche Gesetzbuch aufstellt, ist vielmehr durchbrochen, der Veräußerer muß das Rücktrittsrecht in den Vertrag aufnehmen, er kann es nicht ausschließen, das Rücktrittsrecht ist nicht verzichtbar. Auf das letztere lege ich den entscheidenden Nachdruck. Es ist nicht anders, als wenn z. B. dem Veräußerer vorgeschrieben wäre, meinetwegen die Bedingung aufzunehmen, daß der Käufer sich der sofortigen Zwangsvollstreckung unterwerfen muß. Das ist auch an und für sich eine Stärkung seiner Machtstellung; aber weil er diese Bedingung aufnehmen muß, ist er beschränkt. Die Ausführungen der Begründung, daß das Rücktrittsrecht des Art. 7 (jetzt Art. 5) unverzichtbar und unbeschränkbar ist und daß es deshalb als eine Beschränkung der Veräußerung anzusehen ist, wenn dem Eigentümer eines Grundstücks verboten ist, sein Grundstück ohne Geltung eines Rücktrittsrechts zu veräußern; diese Ausführungen, glaube ich, dürften durch den Hernn Abgeordneten nicht widerlegt sein."

Diesen Erklärungen ist kaum etwas beizufügen.

Daß das Vorkaufsrecht des Art. 1, dann das Rücktrittsrecht des Parzellenkäufers (Art. 5 Abs. II) und die Nichtigkeit eines Rücktrittsvorbehalts des veräußernden Güterhändlers die Veräußerung eines Grundstücks beschränken, ist nicht bestritten. Denn diese Vorschriften enthalten nicht nur formalrechtlich eine Beschränkung der Vertragsfreiheit bei Veräußerung eines Grundstückes, sondern beschränken den veräußernden Eigentümer auch sachlich in seiner Verfügungsfreiheit über das Grundstück, indem sie die Veräußerung nur unter erschwerenden Bedingungen zulassen.

Dagegen wurde angezweifelt, ob die Vorschriften über das unverzichtbare Rücktrittsrecht des veräußernden Grundeigentümers (Art. 5 Abs. I) und über die Nichtigkeit eines Rücktrittsvorbehalts des erwerbenden Güterhändlers (Art. 6) Beschränkungen der Veräußerung eines Grundstücks darstellen. Daß Art. 119 Abs. I Ziff. 1 EG. z. BGB. nicht eine Beschränkung des Veräußerers, sondern eine Beschränkung der Veräußerung im Auge hat, ist in der Erklärung des Regierungsvertreters hervorgehoben. Unter „Veräußerung" aber ist im Sinne des BGB. nicht bloß die Entäußerungshandlung des Eigentümers, sondern auch die Erwerbshandlung des Erwerbers zu verstehen, ohne die ein Veräußerungsgeschäft rechtsgültig nicht zustande kommen kann. (So richtig: Goldschmit-Gardé, Komm. zum GG. S. 64 und Goldschmit in BayZfR. 1910 S. 394 f.) Daß die beiden letzterwähnten Vorschriften des GG. eine Beschränkung der Veräußerung in diesem Sinne bedeuten, kann nicht bestritten werden; denn auch sie enthalten eine Beschränkung der Vertragsfreiheit bei Veräußerung eines Grundstücks.

2. Durch Art 1 GG. ist der Fall nicht getroffen, in dem der Güterhändler die Grundstücke vom Eigentümer nicht kauft, sondern als Bevollmächtigter des Eigentümers die Zertrümmerung für diesen vornimmt und seinen Gewinn durch eine hoch bemessene Provision sucht. Der Fall konnte nicht getroffen werden, weil das Vorkaufsrecht nur Platz greifen kann, wenn ein Verkauf stattgefunden hat. Diese Lücke des Gesetzes ist, wie zu erwarten, von den Güterhändlern benützt worden, um die Vorkaufsberechtigten auszuschalten. Eine autogr. Entschließung des Ministeriums des Innern vom 5. Februar 1911 Nr. 6045 a 115 führt in dieser Beziehung aus:

„Von gewerbsmäßigen Güterhändlern wird der Versuch gemacht, die Vorschriften des Güterzertrümmerungsgesetzes dadurch zu umgehen, daß sie sich als Güterhändler abmelden, als Kommissionäre für Immobiliarverträge anmelden und dann die zur Zertrümmerung ausersehenen Anwesen nicht selbst erwerben, sondern sich vom Eigentümer des Anwesens in einem sogenannten Vollmachtsvertrage den Auftrag erteilen lassen, in seinem Namen sein Anwesen zu zertrümmern. Diese notariell abgeschlossenen Vollmachtsverträge enthalten gewöhnlich Abmachungen folgenden Inhalts:

Alle „Einzelheiten der betreffenden Tausch- und Kaufverträge" sollen „ganz dem freien Ermessen" der Bevollmächtigten vorbehalten sein. Der Auftrag solle unwiderruflich sein. Die Kosten der Bodenzinsablösung sollen die Vollmachtgeber, alle übrigen „Kosten und Spesen" der Zertrümmerung die Bevollmächtigten tragen. Diese sollen eine zu ihrer Tätigkeit in keinem Verhältnisse stehende Provision aus dem „ganzen Mobiliar- und Immobiliarerlöse" erhalten. Aus dem Erlöse sollen in Abzug kommen die Provision, die etwa an die Vollmachtgeber geleisteten Vorschüsse samt 5% Zinsen und die Hypotheken; der Rest soll den Vollmachtgebern ausgezahlt werden. Die „sämtlichen Kauf- und Tauschschillinge" sollen die Vollmachtgeber an die Bevollmächtigten abtreten, jedoch ohne Haftung für Einbringlichkeit; zur Vornahme der Abtretungserklärungen sollen die Bevollmächtigten „von den Beschränkungen des § 181 des BGB. befreit" d. h. sie sollen berechtigt sein, die Abtretungserklärungen für die Vollmachtgeber sich selbst gegenüber abzugeben. Die Vollmachtgeber erhalten einen entsprechenden Vorschuß und verpflichten sich, im Falle des Rücktritts von dem Vertrage eine näher bestimmte Summe an die Bevollmächtigten zu zahlen.

Die Prüfung der rechtlichen Natur dieser Verträge wird ergeben, daß in den meisten Fällen ein versteckter

Kaufvertrag, kein Auftrag oder Vollmachtsvertrag vorliegt. Der Vertrag verpflichtet die Anwesensbesitzer, den Güterhändlern die Grundstücke samt Inventar zu übergeben. Der Vertrag räumt den Güterhändlern die gleiche rechtliche Stellung ein, wie sie ein Eigentümer hat. Denn die Bevollmächtigung ist unwiderruflich, die Bevollmächtigten dürfen nach ihrem freien Ermessen über die Anwesen verfügen und die Vollmachtgeber haben auf das Recht, irgendeine Weisung zu erteilen, verzichtet (vgl. hiezu Planck, BGB. 3. Aufl. Erl. 3c zu § 671) Die Bevollmächtigten tragen alle Kosten der Zertrümmerung und erhalten eine Provision in bedeutender Höhe, verfügen also tatsächlich über die Grundstücke auf eigene Rechnung. Die Höhe des vereinbarten Vorschusses und der Provision weisen auch darauf hin, daß die Vollmachtgeber sich der Rechtsstellung als Eigentümer tatsächlich materiell begeben haben. Allerdings haben die Bevollmächtigten die Verpflichtung übernommen, den Auftrag der Zertrümmerung auszuführen. Allein abgesehen davon, daß mit dem obligatorischen Veräußerungsvertrage die Bedingung, daß der Erwerber mit dem Gegenstande des Kaufs in gewisser Weise verfahre, wohl vereinbar ist, hindert die Bevollmächtigten jene Verpflichtung nicht, die Grundstücke, wenn sie sie selbst behalten und nicht zertrümmern wollen, an sich selbst zu veräußern; die Vollmachtgeber könnten dem Anspruche der Güterhändler, daß ihnen die Grundstücke aufgelassen werden, nicht mit dem Einwande begegnen, die Güterhändler müßten die Grundstücke an Dritte veräußern. Die zum Begriff eines Kaufvertrags (§ 433 des BGB.) nötigen Merkmale dürften hiernach auf seiten des Verkäufers gegeben sein. Die Verpflichtung des Käufers muß nach dem Bürgerlichen Gesetzbuche darin bestehen, daß er den vereinbarten Kaufpreis bezahlt. Die Gegenleistung der Güterhändler besteht nach dem Wortlaute des Vertrags in der Zertrümmerung der Anwesen. Indessen erfolgt die Zertrümmerung im eigenen Interesse der Güterhändler und für deren Rechnung. In Wahrheit bildet die Gegenleistung der Güterhändler die Zahlung des

Vorschusses sowie die Herausgabe des nach Abzug der Provision, des Vorschusses und der Hypotheken übrig bleibenden Erlöses der Grundstücke und des Inventars. Der Kaufpreis dürfte damit hinreichend bestimmt festgesetzt sein (s. Planck, BGB. Erl. 4 zu § 433).

Die Distriktsverwaltungsbehörden sind anzuweisen, diesen Umgehungsversuchen ihr Augenmerk zuzuwenden und ihnen, soweit möglich, mit Nachdruck entgegenzutreten. Vor allem wird sich empfehlen, eine gerichtliche Entscheidung über die rechtliche Natur der erwähnten Vollmachtsverträge herbeizuführen."

Die in der ME. vertretene Auffassung ist in einer Entscheidung des Obersten Landesgerichts vom 8. Mai 1911 bestätigt worden. Dabei wird ausgeführt, daß durch einen solchen Vertrag die Vertragsteile mit den Worten des Vertrags ihren wirklichen Willen nicht geoffenbart, sondern im Gegenteil ihn verschleiert haben, mit anderen Worten, sie haben im beiderseitigen Einverständnisse die auf Begründung eines Auftrags- und Vollmachtsverhältnisses lautende Willenserklärung nur zum Schein abgegeben und durch das Scheingeschäft ein anderes, wirklich gewolltes Rechtsgeschäft, den Kauf verdeckt (§ 117 BGB.). Nun ist, damit nach dem Abs. 2 des § 117 die für das verdeckte Rechtsgeschäft geltenden Vorschriften Anwendung finden können, auch hier erforderlich, daß der darauf gerichtete Wille der Vertragsteile immerhin genügenden Ausdruck gefunden hat; der nicht oder nicht ausreichend erklärte Wille hat kein rechtliches Dasein (Planck a. a. O. Anm. 2 zum § 117). Allein das Beschwerdegericht hat, von dem Gesichtspunkte der Simulation ausgehend, indem es die einzelnen Bestimmungen der Urkunde in ihrem inneren Zusammenhange beleuchtete, auch außerhalb der Urkunde liegende Behelfe, wie Briefe, zulässigerweise damit in Verbindung gebracht (Sammlung von Entscheidungen des Obersten Landesgerichts in Zivilsachen Bd. 6 S. 344), auf dem Wege der Auslegung (§ 133) in rechtlich nicht zu beanstandender Weise tatsächlich festgestellt, daß die in der Urkunde niedergelegten Erklärungen der Parteien trotz der gewählten Wortfassung in Wirklichkeit keinen anderen Willen und nur den Willen zum Ausdrucke gebracht haben, wie er, um die rechtlichen Erfordernisse des Kaufes (§ 433) als gegeben annehmen zu lassen (Vereinbarung der Zahlung eines Kaufpreises; Verpflichtung, dem Käufer die Sache zu übergeben und daran Eigentum zu verschaffen), von Seite beider Vertragsteile erklärt werden mußte.

Noch weitergehend hat das Reichsgericht in einer Entscheidung zu §§ 167, 313 BGB. (mitgeteilt in der JW. 1911 S. 577, BayZfR. 1911 S. 301) ausgeführt, daß auch in einer widerruflich erteilten Vollmacht zum Abschluß eines Vertrags über Veräußerung von Grundeigentum eine nach dem gewollten und tatsächlich erreichten Erfolge nur in eine andere rechtliche Form gekleidete Verkaufserklärung liegen kann, wenn sie auch nach außen in der Gestalt einer abstrakten oder widerruflichen Vollmacht auftritt.

Das Vorkaufsrecht wird also auch dann Platz zu greifen haben, wenn die Grundstücke vom Eigentümer zwar nach dem Wortlaut des Vertrags nicht an den Güterhändler verkauft werden, sondern an die Stelle des Kaufs ein Rechtsvorgang tritt, der es ohne Übertragung des Eigentums dem Güterhändler ermöglicht, über die Grundstücke wie ein Eigentümer zu verfügen.

(Vgl. § 6 Reichszuwachssteuergesetzes vom 14. Februar 1911, RGBl. S. 33 f.)

Vgl. im übrigen über Gesetzesumgehung und Simulation auch Dr. Kahn, Der Begriff der Gesetzesumgehung in der Rechtsprechung des Verwaltungsgerichtshofs in Bl. f. a. Pr. Bd. 53 S. 397 ff. und die dort angeführten Entscheidungen.

3. Das Gesetz vom 13. August 1910 über die Güterzertrümmerung enthält keine Uebergangsvorschriften. Aus den allgemeinen Rechtsgrundsätzen folgt deshalb, daß es auf Rechtsgeschäfte, die vor seinem Inkrafttreten geschlossen worden sind, keine Anwendung findet, während es für Rechtsgeschäfte, die nach diesem Zeitpunkte geschlossen werden, auch dann gilt, wenn die übrigen Voraussetzungen, von denen seine Anwendbarkeit abhängt, vorher eingetreten sind. Zu dem gleichen Ergebnisse führt auch der Wortlaut der Vorschriften des Güterzertrümmerungsgesetzes. Die Frage, ob das Güterzertrümmerungsgesetz auf Grundstücke Anwendung findet, die der Güterhändler schon vor dem Inkrafttreten des Gesetzes erworben hat, aber erst nachher veräußert, ist mithin zu bejahen. (Entschließung des Justizministeriums vom 7. Oktober 1910.)

Vorkaufsrecht.

Art. 1.

I Verkauft[1] der Eigentümer geschlossen bewirtschafteter landwirtschaftlicher Grundstücke[2] die Grundstücke ganz oder teilweise[3] an einen gewerbsmäßigen Händler mit landwirtschaftlichen Grundstücken (Güterhändler),[4],[5] so sind zum Vorkaufe[6] berechtigt

1. jede Gemeinde,[7] in deren Bezirk eines der Grundstücke liegt,[8]
2. der für[9] eine solche Gemeinde bestehende[10] gemeinnützige landwirtschaftliche Darlehenskassenverein,[11]
3. die sonstigen von dem Staatsministerium des Innern bezeichneten juristischen Personen.[12]

II Das Vorkaufsrecht erstreckt sich auf das Zubehör,[13] das mit dem Grundstücke verkauft wird.

III Die Vorschriften der Abs. I, II finden auch Anwendung, wenn der Güterhändler den Kaufvertrag nicht für sich, sondern als Vertreter[14] eines anderen abschließt.

1. Die Vorschrift bezieht sich nicht auf Tauschverträge oder auf Schenkungen; ferner nicht auf Eigentumsänderungen infolge Ehevertrags oder Zwangsversteigerung. Auch das vertragsmäßige Vorkaufsrecht tritt nur im Falle eines Verkaufes ein. Vgl. BGB. § 504, Staudinger § 504 Anm. 1, a, β. Dadurch, daß beim Verkauf eines Anwesens ein verhältnismäßig kleiner Teil des Kaufpreises durch Hingabe von Grundstücken oder Sachen zu Eigentum beglichen wird, wird jedoch das Vorkaufsrecht nicht ausgeschlossen; denn

dann handelt es sich nicht um einen Tauschvertrag, sondern um einen Kauf mit Hingabe von Grundstücken oder Sachen an Zahlungs Statt. Der Straffenat des Bayer. Obersten Landesgerichts hat in einer Entscheidung vom 13. Juni 1911 zu dieser Frage ausgeführt: „Ob in einem gegebenen Fall ein anzeigepflichtiger Kauf oder ein anzeigefreier oder vielmehr nur der Vorschrift des § 2 der Bekanntmachung vom 24. August 1910, betr. den gewerbsmäßigen Handel mit ländlichen Grundstücken, unterworfener Tausch vorliegt, ist in erster Linie nicht nach der von den Vertragteilen gewählten Bezeichnung, sondern darnach zu beurteilen, wie sich objektiv nach Maßgabe des gesamten Vertragsinhalts das Rechtsgeschäft darstellt (vgl. RGZ. 50, 286 f.; 73, 89). Durch den Tausch verpflichtet sich jeder Teil, dem andern Sachen gegen Sachen, Rechte gegen Rechte zu verschaffen; beim Kaufe dagegen besteht die Gegenleistung des einen Teiles — des Käufers — in der Zahlung eines Preises, d. i. regelmäßig in Geld (RGRKomm. § 515 Anm. 1). Wie nun selten ein Tausch vorkommt, bei dem nicht die Wertverschiedenheit der Tauschgegenstände einen Ausgleich in Geld nach der einen Seite hin erfordert, so besteht andererseits bei nicht wenigen Käufen das Bedürfnis, einen Teil des Kaufpreises, anstatt in Geld, durch Sachleistungen auszugleichen. Diese Besonderheit ist mit dem Wesen des Kaufes durchaus vereinbar; tritt sie stärker hervor, so mag sie einen sogenannten gemischten Vertrag begründen, der jedoch bei einer nicht bloß äußerlichen Verbindung seiner Elemente immer noch ein einheitliches Geschäft bleibt, nur müssen die bedungenen Leistungen sich sämtlich als Leistungen und Gegenleistungen im Sinne des Geschäfts darstellen, das nach dem wirtschaftlichen Zwecke als das Hauptgeschäft erscheint (RGRKomm. S. 342 und 254). Man kann zwar diese Zweckbestimmung heutzutage nicht mehr schlechthin, wie dies z. B. das Bayer. LR. (Teil IV c 3 § 5 Nr. 2) getan hat, aus dem ziffermäßigen Ueberwiegen der baren oder der in individuellen Sachen bestehenden Teile der Gegenleistung entnehmen, jedoch gibt ein sehr starkes Vorwiegen der einen oder anderen Unterart der Gegenleistung regelmäßig den Ausschlag für die Bestimmung des Wesens eines Geschäfts (Beschl. des ObLG. I. ZS. Reg. III Nr. 42/11).

Daneben bildet noch ein sicheres Kennzeichen eines Tauschvertrags das wirtschaftliche Interesse jeder Partei daran, gerade den andern gehörigen Gegenstand zu erlangen; wo dieses Interesse fehlt, wird kein Tausch zustandekommen, wo es nur einseitig vorhanden ist, der andere Teil aber ausschließlich oder vorwiegend Geld als Gegenleistung für seine Sachhingabe begehrt, da tritt der Kaufcharakter des Geschäfts klar hervor. Ob die Leistung einer in Ausweisung des Kaufschillings mit hingegebenen, oder wie man zutreffender sagt, darangegebenen Sache, wenn sie im Kaufvertrage selbst aufgeführt wird, juristisch richtig als Hingabe an Zahlungs Statt (datio in solutum) bezeichnet werden oder ob man hierunter nur ein später hinzukommendes sog. Erfüllungsgeschäft verstehen darf, kann hier dahingestellt bleiben. Es genügt zur Festhaltung des Kaufstypus, wenn jene Sache als bloße Repräsentantin eines bestimmten Geldwertes zum Zwecke des Kaufgeldausweises herangezogen worden ist."

Wie solche Sachleistungen durch den Vorkaufsberechtigten zu ersetzen sind, bestimmt sich nach BGB. § 507 (siehe bei Art. 4). Ob das Vorkaufsrecht bei Einbringung landwirtschaftlicher Grundstücke in eine Gesellschaft in Kraft tritt, ist Tatfrage. Goldschmit-Gardé verneint dies (S. 69 Anm. b). Wenn die Bildung der Gesellschaft zur Umgehung des GG. erfolgt, wird die Frage zu bejahen sein. Voraussetzung für die Ausübung des Vorkaufsrechts ist, daß ein rechtsgültiger Kaufvertrag abgeschlossen worden ist. Über die Rechtsfolgen bei Nichtigkeit oder erfolgreicher Anfechtung des Kaufvertrags, dann bei bedingtem Kaufvertrag vgl. Staudinger § 504 Anm. 1a Abs. 2 und 3.

Rechtsverbindlich kann der Verkauf eines Grundstücks nur durch notariellen Vertrag erfolgen. § 313 BGB.; Art. 167 Nr. I des bayer. AG. z. BGB.; Art. 1 NotG.

Über Scheinverträge, durch die ein Kaufvertrag verdeckt wird, siehe Einleitende Bemerkung zu Art. 1 Ziff. 2.

2. Der Begriff: „geschlossen bewirtschafteter landwirtschaftlicher Grundstücke" ist durch Art. 10 und Art. 11 erläutert: „Als geschlossen bewirtschaftete Grundstücke gelten landwirtschaftliche Anwesen oder Grundstücke von mindestens 5 ha Flächeninhalt, die innerhalb der letzten 3 Jahre vor der

Veräußerung zusammen bewirtschaftet worden sind", und „zu den landwirtschaftlichen Grundstücken gehören auch die der Privatwaldwirtschaft dienenden". Die weiteren Bemerkungen zu Art. 10 und 11 siehe dort.

3. Das Vorkaufsrecht greift nicht nur dann Platz, wenn der Grundstückskomplex im ganzen an den Güterhändler verkauft wird, sondern auch, wenn der Kaufvertrag sich nur auf Teile desselben bezieht; ohne diese Vorschrift wäre der Umgehung Tür und Tor geöffnet.

4. Der Begriff des gewerbsmäßigen Händlers mit ländlichen Grundstücken — Güterhändlers — ist im Gesetz nicht näher umschrieben. Er ist jedoch zweifellos der gleiche wie jener des Art. 19 des Gesetzes die Fortsetzung der Grundentlastung betr. vom 2. Febr. 1898 (GVBl. S. 19 ff.) und des § 1 des Gesetzes die Abänderung des Forstgesetzes betr. vom 26. Febr. 1908 (GVBl. S. 89 ff.); siehe Anhang Nr. 9 u. 11 Die Frage, ob jemand als gewerbsmäßiger Güterhändler zu betrachten ist, ist nach dem GG. von einschneidender rechtlicher und wirtschaftlicher Bedeutung nicht nur für den Händler selbst, sondern auch für alle, die mit ihm in Geschäftsverbindung treten. Sie entscheidet sich nicht darnach, wie sich der Betreffende als Geschäftsmann bezeichnet, sondern nach dem Inhalt seiner Tätigkeit. Es ist deshalb rechtlich belanglos, ob sich der Händler als Güterhändler angemeldet hat, oder ob er sein früher betriebenes Geschäft als Güterhändler abgemeldet und sich als Kommissionär für Immobiliarverträge angemeldet hat.

Die Entscheidung darüber, ob jemand als Güterhändler zu behandeln ist, kann je nach der Lage des Falls durch die Zivilgerichte oder durch die Strafgerichte oder durch den Verwaltungsgerichtshof oder durch die Finanzbehörden erfolgen. Dadurch ist eine gewisse Rechtsunsicherheit verursacht, weil keine Gewähr dafür gegeben ist, daß die verschiedenen obersten Instanzen den Begriff des Güterhändlers übereinstimmend auslegen. Geschäftsleute, bei denen es nach der Art ihres Geschäftsbetriebs zweifelhaft sein kann, ob sie als Güterhändler in Betracht kommen, z. B. Grundstücksagenten, Holzhändler ꝛc. können, um sich vor Bestrafungen zu sichern, eine vorläufige Entscheidung dadurch herbeiführen, daß sie bei der Distriktsverwaltungsbehörde ihres Betriebssitzes Antrag auf Entscheidung stellen, ob sie zur Führung eines Geschäftsbuchs nach § 12 der VollzBek. verpflichtet sind. Die Distriktsverwaltungsbehörden haben in einem solchen Falle den ganzen Geschäftsbetrieb des Antragstellers zu prüfen und je nach dem Ergebnisse die Vorlage des Geschäftsbuchs zu verlangen oder zu erlassen. Wird die Vorlage des Geschäftsbuchs verweigert, so ist die Entscheidung im Wege des Strafverfahrens herbeizuführen (GewO. § 148 Abs. I Ziff. 4a). Grundbesitzer, die mit Händlern Kaufverträge abschließen wollen, können sich gleichfalls bei der Distriktsverwaltungsbehörde des Betriebssitzes des Händlers Aufschluß darüber erholen, ob der Händler zur Führung eines Geschäftsbuchs nach § 12 a. a. O. verpflichtet ist.

Die Rechtsprechung zu Art. 19 des Grundentlastungsgesetzes und § 1 des Gesetzes über die Abänderung des Forstgesetzes hat als Begriffsmerkmale für den gewerbsmäßigen Handel mit ländlichen Grundstücken festgestellt, daß für den Gewerbebetrieb überhaupt wie für den Begriff des gewerbsmäßigen Güterhandels eine fortgesetzte, auf Erzielung von Gewinn gerichtete, handelsgeschäftliche Tätigkeit genügt, deren Gegenstand der Erwerb und die Veräußerung von Grundstücken ist, ohne daß hierzu die Absicht eines dauernden derartigen Geschäftsbetriebes erforderlich wäre; daß für den Betrieb des gewerbsmäßigen Güterhändlers charakteristisch sei, daß Anwesen oder Grundstücke nicht zu dem Zwecke erworben werden, aus der Bewirtschaftung des Bodens einen Ertrag zu erzielen, sondern zu dem Zwecke, durch handelsmäßigen Umsatz aus der Differenz zwischen Erwerbs- und Veräußerungspreis einen Gewinn zu erzielen. Slg. Bd. XIX S. 74, 296; Bd. XXI S. 42; Bd. XXII S. 76, Bd. XXIII S. 226; Bd. XXIV S. 514. Soergel 1909 S. 588; ungedr. Ensch. des VGH. vom 5. Juni 1905, 12. Febr. 1906, 20. März 1906, 23. Dez. 1907, 9. März 1908, 18. Mai 1908, 30. Juni 1908, 4. Sept 1908, 5. Okt. 1908, 9. Nov. 1908, 1. Febr. 1909, 23. Mai 1910, Reger Bd. XXIII S. 21; Landmann § 35 Anm. 8b; vgl. im übrigen die im Anhang Nr. 9 abgedruckten Entscheidungen.

Als gewerbsmäßiger Güterhändler kommt aber nicht nur derjenige in Betracht, der diese Tätigkeit selbst ausübt, sondern auch jener, der mit einem Güterhändler in länger dauernder Verbindung steht und am Gewinn beteiligt ist, z. B. als stiller Gesellschafter oder Teilhaber des Güterhändlers. Slg. Bd. XXIV S. 121, 168.

Bezüglich der Frage, ob Holzhändler, die Waldgrundstücke zum Zwecke der Abholzung ankaufen und dann wieder veräußern, als gewerbsmäßige Güterhändler zu betrachten sind, hat sich der VGH. in zwei ungedr. Entsch. vom 2. Febr. 1906 und 5. Okt. 1908 in bejahendem Sinne ausgesprochen, weil der Umstand, daß der Erwerb und die Veräußerung der Grundstücke durch das Interesse des Holzhandels bestimmt sei, nichts an der Tatsache ändere, daß auch der Umsatz der Grundstücke gewerbsmäßig und in der Absicht der Erzielung eines Gewinnes erfolge. Daß der Güterhandel nicht Selbstzweck, sondern Mittel zum Zweck sei, sei rechtlich belanglos, weil das Gesetz keinen Unterschied mache, ob der Güterhandel als solcher selbständig oder nur als Nebenbetrieb eines anderen Gewerbes betrieben werde.

Dagegen hat das Oberste Landesgericht in einem Urteil vom 23. Okt. 1909 (MABl. 1909 S. 1099) ausgeführt, gewerbsmäßiger Händler mit ländlichen Grundstücken sei nicht jeder, der zu wiederholten Malen in der Absicht, Gewinn zu erzielen, solche Grundstücke an- und verkaufe, sondern nur derjenige, welcher den An- und Verkauf ländlicher Grundstücke als selbständiges Gewerbe allein oder neben einem anderen Berufe betreibe, der Güterhändler im landläufigen Sinne des Wortes. Ob er sich selbst Güterhändler nenne, das Gewerbe als Güterhändler versteuere und die vorgeschriebenen Verzeichnisse führe, sei gleichgültig. Dagegen fehle die Voraussetzung des gewerbsmäßigen Güterhandels, wenn der An- und Verkauf ländlicher Grundstücke nicht als Selbstzweck oder Hauptzweck des Unternehmens, sondern lediglich im Rahmen eines anderen selbständigen Gewerbebetriebes, und zwar hier nur als Mittel zum Zweck erfolge.

Diese Begründung geht fehl. Weder aus dem Wortlaute des Gesetzes noch aus den Gesetzgebungsverhandlungen ist ein Anhaltspunkt dafür zu entnehmen, daß unter gewerbsmäßigem Händler mit ländlichen Grunstücken nur jener zu verstehen sei, der den Handel mit Grundstücken als selbständiges Gewerbe betreibt. Aus dem Worte „gewerbsmäßig" kann das nicht gefolgert werden. Denn der Begriff des „gewerbsmäßigen" besteht nur darin, daß eine Handlung nicht nur einmal, gelegentlich, sondern öfter — fortgesetzt — in der Absicht daraus einen geschäftsmäßigen Gewinn zu ziehen, vorgenommen wird. Ob diese Handlung als selbständige ausschließliche Berufsbetätigung oder neben oder im Rahmen eines anderen Gewerbes vorgenommen wird, ist für die Frage der Gewerbsmäßigkeit ohne Einfluß. Auch aus den Worten „Händler mit ländlichen Grundstücken" kann die Schlußfolgerung des angeführten Urteils nicht gezogen werden. Händler mit ländlichen Grundstücken im Sinne des Gesetzes ist nicht nur derjenige, welcher den Handel mit ländlichen Grundstücken als Hauptberuf betreibt, — der Güterhändler im landläufigen Sinne des Wortes — sondern auch der, welcher ihn nebenbei betreibt. So kommen z. B. Terraingesellschaften, die sich in der Hauptsache mit der Veräußerung von Bauplätzen befassen, nebenbei aber auch landwirtschaftliche Anwesen an- und verkaufen, zweifellos als Güterhändler in Betracht. Daß man sie im landläufigen Sinne des Wortes nicht so nennt, ist für die Beurteilung ganz ohne Belang. Das gleiche trifft für den Holzhändler zu, der gewerbsmäßig Waldgrundstücke ankauft, um sie nach der Abschwendung wieder zu veräußern. (So auch Dr. Goldschmit in BayZfR. 1910 S. 446.)

Daraus, daß die Anzeige- und Erlaubnispflicht des Art. 42a—c des Forstgesetzes trotz mehrfacher Anregungen bei den Kammerverhandlungen nicht auch auf Holzhändler, Holzschneidewerke, Papier- und Zellulosefabriken ausgedehnt worden ist, kann ein Schluß gegen diese Auffassung nicht gezogen werden. Denn die Absicht der Staatsregierung war, Maßregeln gegen die durch den gewerbsmäßigen Güterhandel verursachten Schädigungen des Waldbestandes zu treffen. Es war deshalb nicht veranlaßt, die Vorschriften allgemein auf andere Berufsklassen auszudehnen, sondern mußte der Entscheidung von Fall zu Fall vorbehalten bleiben, ob Holzhändler ꝛc. nach der Art ihres Geschäftsbetriebs als gewerbsmäßige Güterhändler zu betrachten sind.

Die Frage, ob Grundstückagenten oder sogenannte

Schmuser als Güterhändler zu behandeln sind, kann nur nach den Umständen des einzelnen Falles beurteilt werden. Sie wird zu bejahen sein, wenn die Voraussetzungen der oben angeführten Entsch. der VGH. Slg. Bd. XXIV S. 121, 168 zutreffen, daß der Schmuser mit einem Güterhändler in länger dauernder Verbindung steht und am Gewinne beteiligt ist.

5. Nach Art. 12 finden die Vorschriften des Gesetzes auch Anwendung, wenn die Grundstücke an einen Dritten, jedoch für Rechnung eines Güterhändlers, oder an einen Güterhändler und einen Dritten gemeinschaftlich verkauft werden. Über die Bedeutung des Ausdruckes „für Rechnung" siehe Art. 5 Anm. 6.

6. Über den Begriff des Vorkaufrechts enthält das BGB. keine Bestimmungen. Nach der herrschenden Meinung begründet das Vorkaufsrecht die Berechtigung, denselben Kaufvertrag, welchen der Vorkaufsverpflichtete über den Gegenstand des Vorkaufsrechts mit einem Dritten — also hier dem Güterhändler — abschließt, unter denselben Kaufsbedingungen, wie sie mit dem Dritten verabredet sind, einzugehen.

Vgl. im übrigen Staudinger, Vorbemerkung zu § 504 und die bei Art. 4 angeführten Bestimmungen des BGB.

Über die Konkurrenz des Vorkaufsrechts des GG. mit anderen gesetzlichen oder vertragsmäßigen Vorkaufsrechten siehe Art. 4 Anm. 1.

Über die aus dem Vorkaufsrecht sich ergebenden Rechtswirkungen siehe Art. 4 Anm. 3.

7. In der Begründung ist hiezu ausgeführt: Ein Eingreifen der Gemeinden bei Anwesenskäufen wird wohl zu den Ausnahmefällen gehören. Immerhin kann es unter besonderen Verhältnissen als wünschenswert erscheinen, daß der Gemeinde die Möglichkeit des Vorkaufs offen gehalten wird, um z. B. den gemeindlichen Waldbesitz zu arrondieren, gemeindliche Weiden anzulegen, Gemeinderechte abzulösen usw." Unter Gemeinden sind nur die Gemeinden im Sinne der Gemeindeordnung, die „politischen Gemeinden" zu verstehen, nicht aber Ortschaften, Kirchen-

gemeinden, Distrikts- oder Kreisgemeinden. Vgl. über den gesetzlichen Sprachgebrauch Kahr, Vorbemerkung II zu Art. 1 der GemO.

Die Ausübung des Vorkaufsrechts erfolgt bei Gemeinden durch das Organ, welches die Gemeinde nach außen vertritt, d. i. bei Gemeinden mit städtischer Verfassung der Magistrat, bei Landgemeinden der Gemeindeausschuß (GemO. Art. 84 u. 130). Über die Form der Ausfertigung der Urkunden vgl. a. a. O. Art 101 Abs. III und Art. 145 Abs. VII. Für die Frage, in welcher Form und durch wen die Ausübung des Vorkaufsrechtes im einzelnen Falle zu beschließen ist, sind ausschließlich die Vorschriften der Gemeindeordnung maßgebend. Über die Frage inwieweit der Bürgermeister als Vertreter der Gemeinde Rechte für die Gemeinde gültig ausüben kann, ohne daß vorher eine Beschlußfassung des Magistrats bzw. des Gemeindeausschusses erfolgt ist, vgl. Slg. Bd. XXIV S. 85 ff., Bd. XXVIII S. 145 ff.; ferner Kahr Anm. 4 zu Art. 84 und Anm. 8 zu Art. 101.

Die in den angeführten Entscheidungen niedergelegten Grundsätze werden aber auf die Ausübung des Vorkaufsrechts nicht anzuwenden sein, da es sich hiebei nicht um die Ausübung einer im öffentlichen Rechte fußenden Befugnis, sondern eines privatrechtlichen Anspruchs der Gemeinde handelt. Es kann also hier eine negotiorum gestio des Bürgermeisters für die Gemeinde auch dann wirksam sein, wenn die Beschlußfassung erst nach Ablauf der Frist erfolgt ist.

8. Liegen die zusammenverkauften Grundstücke in den Bezirken verschiedener Gemeinden, so ist jede der Gemeinden bezüglich des ganzen Grundkomplexes vorkaufsberechtigt, nicht etwa nur bezüglich der innerhalb ihres Bezirkes liegenden Grundstücke; denn die Ausübung des Vorkaufsrechtes nur bezüglich einzelner der zusammenverkauften Grundstücke ist nicht zulässig. Über das Verfahren bei Zusammentreffen mehrerer vorkaufsberechtigter Gemeinden siehe Art. 3 Abs. IV.

9. Im Regierungsentwurf (Art. 8 Abs. I Ziff. 2) lautete die Bestimmung: „Der in einer solchen Gemeinde bestehende“ —

die jetzige Fassung wurde durch die K. d. Abg. gewählt, um keinen Zweifel darüber aufkommen zu lassen, daß das Vorkaufsrecht der landw. Darlehenskassenvereine nicht nur für den Bezirk der Gemeinde besteht, in der der Sitz der Genossenschaft ist, sondern auch für den Bezirk jener Gemeinden, auf die sich der Geschäftsbetrieb der Genossenschaft satzungsgemäß oder tatsächlich erstreckt. Dies erschien notwendig, weil der Genossenschaftsbezirk vieler Darlehenskassenvereine und Raiffeisenvereine nicht mit dem Gemeindebezirk, sondern mit dem oft mehrere Gemeinden umfassenden Pfarrbezirk zusammenfällt. Die Distriktsverwaltungsbehörden haben ein Verzeichnis zu führen, aus dem zu ersehen ist, auf welche Gemeinden sich der Geschäftsbetrieb und damit das Vorkaufsrecht der einzelnen Genossenschaften erstreckt. Vgl. VollzBek. § 17.

VollzBek. § 17. „I Die Distriksverwaltungsbehörde führt ein Verzeichnis der in ihrem Bezirke bestehenden gemeinnützigen landwirtschaftlichen Kreditgenossenschaften (Darlehenskassenvereine und ländliche Genossenschaften Raiffeisenscher Organisation) und sonstigen juristischen Personen (GG. Art. 1 Abs. I Ziff. 3), aus dem zu ersehen ist, auf welche Gemeinden sich der Geschäftsbetrieb jeder einzelnen Genossenschaft oder juristischen Person nach deren Satzungen erstreckt.

II Genossenschaften, deren Satzungen eine genaue Angabe hierüber nicht enthalten, insbesondere solche, die den Genossenschaftsbezirk nur mit dem Namen des Genossenschaftssitzes mit dem Beisatze „und Umgebung" angeben, sind zu veranlassen, eine den Tätigkeitsbereich der Genossenschaft genau bezeichnende Bestimmung in ihre Satzung aufzunehmen.

III Erstreckt sich der Tätigkeitsbereich mehrerer Genossenschaften auf die gleiche Gemeinde, so sind alle diese Genossenschaften als vorkaufsberechtigt im Sinne des Art. 1 Abs. I Ziff. 2 des Güterzertrümmerungsgesetzes zu behandeln.

IV Die Genossenschaften haben alle Änderungen der Satzungen, die den Genossenschaftsbezirk erweitern oder einschränken, der Distriktsverwaltungsbehörde anzuzeigen."

10. Die Genossenschaft „besteht“ von dem Zeitpunkt ihrer Eintragung in das Genossenschaftsregister an. Rechtlich entsteht die Genossenschaft zwar schon durch den Gesellschaftsvertrag, d. i. die Annahme der Statuten in der konstituierenden Generalversammlung, allein die Rechte einer eingetragenen Genossenschaft und damit die Rechtsfähigkeit erwirbt sie erst durch die Eintragung in das Genossenschaftsregister (Ges. betr. die Erwerbs- und Wirtschaftsgenossenschaften RGBl. 1898 S. 810 ff., § 13, Parisius Erl. 1 zu § 5). Sie hört auf zu bestehen, sobald sie durch Beschluß der Generalversammlung, durch Zeitablauf, durch gerichtlichen Ausspruch oder durch rechtskräftigen Beschluß der Distriktspolizeibehörde aufgelöst worden ist (a. a. O. § 78—81, Ges. vom 28. Nov. 1889 die Ausführung des Reichsgesetzes vom 1. Mai 1889 über die Erwerbs- und Wirtschaftsgenossenschaften betr., GVBl. S. 581). Der Auflösungsbeschluß ist auch vor Löschung der Genossenschaft im Genossenschaftsregister rechtswirksam. Die Genossenschaft besteht zwar als Rechtssubjekt auch noch nach der Auflösung bis zur Beendigung der Liquidation, aber nur noch zur Abwickelung ihrer Geschäfte, nicht zur Eingehung neuer Geschäfte, die mit der Liquidation nicht im Zusammenhang stehen. (Parisius Erl. 1 zu § 83 Erl. 2 und 4 zu § 88).

11. Zu den landwirtschaftlichen Darlehenskassenvereinen im Sinne des Gesetzes gehören sowohl die dem Bayerischen Landesverband landwirtschaftlicher Darlehenskassenvereine angeschlossenen ländlichen Kreditgenossenschaften als auch die ländlichen Genossenschaften Raiffeisenscher Organisation. Ob ländliche Kreditgenossenschaften, die keiner dieser Organisation angeschlossen sind, als landwirtschaftliche Darlehenskassenvereine im Sinne des Gesetzes anzuerkennen sind, wird von Fall zu Fall zu entscheiden sein. Maßgebend für die Entscheidung ist, ob die Genossenschaft — nur um solche kann es sich handeln — ihrer Verfassung nach ein landwirtschaftlicher Darlehenskassenverein ist und ob sie gemeinnützig ist. Über den Begriff der Gemeinnützigkeit vgl. Art. 14 Abs. III. Über das Verfahren wegen Anerkennung der Gemeinnützigkeit vgl. VollzBek. § 31.

VollzBek. § 31. „ [I] Als gemeinnützige Genossenschaften oder ähnliche juristische Personen, auf welche die

Vorschriften des Gesetzes auch dann nicht Anwendung finden, wenn sie den Handel mit ländlichen Grundstücken gewerbsmäßig betreiben (GG. Art. 14), kommen in der Regel nur die landwirtschaftlichen Kreditgenossenschaften — landwirtschaftliche Darlehenskassenvereine und ländliche Genossenschaften Raiffeisenscher Organisation — sowie die juristischen Personen in Betracht, denen vom K. Staatsministerium des Innern das Vorkaufsrecht verliehen worden ist (GG. Art. 1 Abs. I Ziff. 3). Außerdem können auch Genossenschaften oder juristische Personen in Betracht kommen, die zur Durchführung von Güterzertrümmerungen im Interesse der Gemeinwirtschaft eigens gebildet worden sind.

II Genossenschaften und juristische Personen, die als gemeinnützig anerkannt sein wollen, haben unter Vorlage ihrer Satzung Antrag bei der für den Sitz der Genossenschaft oder juristischen Person zuständigen Distriktsverwaltungsbehörde zu stellen. Die Distriktsverwaltungsbehörde hat sorgfältig zu prüfen, ob die Voraussetzungen der Gemeinnützigkeit gegeben und ob insbesondere die maßgebenden Bestimmungen nicht nur zum Schein oder mit der Absicht späterer Abänderung in die Satzung aufgenommen worden sind und erteilt gegebenenfalls eine Bescheinigung, daß die Genossenschaft oder juristische Person auf Grund der vorgelegten Satzung — vorbehaltlich der gerichtlichen Entscheidung — als gemeinnützig anerkannt und in das Verzeichnis der Vorkaufsberechtigten (§ 17) eingetragen wird."

12. Als vorkaufsberechtigt sind bis jetzt nur die Bayerische Zentraldarlehenskasse e. G. m. b. H. in München und die Landwirtschaftliche Zentralgenossenschaft des Bayerischen Bauernvereins für An- und Verkauf, e. G. m. b. H. in Regensburg — und zwar für alle Gemeinden des Königreichs — erklärt worden. (MBek. vom 27. Aug. 1910, GVBl. S. 657 und vom 30. Dez. 1910, GVBl. 1911 S. 1 [siehe Anhang 2 und 3]).

Die Namen der juristischen Personen, die vom Staatsministerium des Innern als vorkaufsberechtigt bezeichnet werden, werden im Gesetz- und Verordnungsblatt bekannt gegeben (VollzBek. § 18). Dabei wird angegeben, auf welche Gemeinden sich das Vorkaufsrecht erstreckt.

13. Der Begriff des Zubehörs ist in §§ 97 und 98 des BGB. bestimmt:

§ 97. Zubehör sind bewegliche Sachen, die, ohne Bestandteile der Hauptsache zu sein, dem wirtschaftlichen Zwecke der Hauptsache zu dienen bestimmt sind und zu ihr in einem dieser Bestimmung entsprechenden räumlichen Verhältnisse stehen. Eine Sache ist nicht Zubehör, wenn sie im Verkehr nicht als Zubehör angesehen wird.

Die vorübergehende Benutzung einer Sache für den wirtschaftlichen Zweck einer anderen begründet nicht die Zubehöreigenschaft. Die vorübergehende Trennung eines Zubehörstücks von der Hauptsache hebt die Zubehöreigenschaft nicht auf.

§ 98. Dem wirtschaftlichen Zwecke der Hauptsache sind zu dienen bestimmt:

1. bei einem Gebäude, das für einen gewerblichen Betrieb dauernd eingerichtet ist, insbesondere bei einer Mühle, einer Schmiede, einem Brauhaus, einer Fabrik, die zu dem Betriebe bestimmten Maschinen und sonstigen Gerätschaften:
2. bei einem Landgute das zum Wirtschaftsbetriebe bestimmte Gerät, Vieh, die landwirtschaftlichen Erzeugnisse, soweit sie zur Fortführung der Wirtschaft bis zu der Zeit erforderlich sind, zu welcher gleiche oder ähnliche Erzeugnisse voraussichtlich gewonnen werden, sowie der vorhandene auf dem Gute gewonnene Dünger.

Bezüglich des Erwerbs des Zubehörs ist § 926 a. a. O. maßgebend:

§ 926. Sind der Veräußerer und der Erwerber darüber einig, daß sich die Veräußerung auf das Zubehör des Grundstücks erstrecken soll, so erlangt der Erwerber mit dem Eigentum an dem Grundstück auch das Eigentum an dem zur Zeit des Erwerbes vorhandenen Zubehörstücken, soweit sie dem Veräußerer gehören. Im Zweifel ist anzunehmen, daß sich die Veräußerung auf das Zubehör erstrecken soll.

Erlangt der Erwerber auf Grund der Veräußerung den Besitz von Zubehörstücken, die dem Veräußerer nicht gehören oder mit Rechten Dritter belastet sind, so finden die Vorschriften der §§ 932 bis 936 Anwendung; für den guten Glauben des Erwerbers ist die Zeit der Erlangung des Besitzes maßgebend.

§ 932. Durch eine nach § 929 erfolgte Veräußerung wird der Erwerber auch dann Eigentümer, wenn die Sache nicht dem Veräußerer gehört, es sei denn, daß er zu der Zeit, zu der er nach diesen Vorschriften das Eigentum erwerben würde, nicht im guten Glauben ist. In dem Falle des § 929 Satz 2 gilt dies jedoch nur dann, wenn der Erwerber den Besitz von dem Veräußerer erlangt hatte.

Der Erwerber ist nicht in gutem Glauben, wenn ihm bekannt oder infolge grober Fahrlässigkeit unbekannt ist, daß die Sache nicht dem Veräußerer gehört.

§ 933. Gehört eine nach § 930 veräußerte Sache nicht dem Veräußerer, so wird der Erwerber Eigentümer, wenn ihm die Sache von dem Veräußerer übergeben wird, es sei denn, daß er zu dieser Zeit nicht in gutem Glauben ist.

§ 934. Gehört eine nach § 931 veräußerte Sache nicht dem Veräußerer, so wird der Erwerber, wenn der Veräußerer mittelbarer Besitzer der Sache ist, mit der Abtretung des Anspruchs, anderenfalls dann Eigentümer, wenn er den Besitz der Sache von dem Dritten erlangt, es sei denn, daß er zur Zeit der Abtretung oder des Besitzerwerbes nicht in gutem Glauben ist.

§ 935. Der Erwerb des Eigentums auf Grund der §§ 932 bis 934 tritt nicht ein, wenn die Sache dem Eigentümer gestohlen worden, verloren gegangen oder sonst abhanden gekommen war. Das gleiche gilt, falls der Eigentümer nur mittelbarer Besitzer war, dann, wenn die Sache dem Besitzer abhanden gekommen war.

Diese Vorschriften finden keine Anwendung auf Geld oder Inhaberpapiere sowie auf Sachen, die im Wege öffentlicher Versteigerung veräußert werden.

§ 936. Ist eine veräußerte Sache mit dem Rechte eines Dritten belastet, so erlischt das Recht mit dem Erwerbe des Eigentums. In dem Falle des § 929 Satz 2 gilt dies jedoch nur dann, wenn der Erwerber den Besitz von dem Veräußerer erlangt hatte. Erfolgt die Veräußerung nach § 930 oder war die nach § 931 veräußerte Sache nicht im mittelbaren Besitze des Veräußerers, so erlischt das Recht des Dritten erst dann, wenn der Erwerber auf Grund der Veräußerung den Besitz der Sache erlangt.

Das Recht des Dritten erlischt nicht, wenn der Erwerber zu der nach Abs. 1 maßgebenden Zeit in Ansehung des Rechts nicht in gutem Glauben ist.

Steht im Falle des § 931 das Recht dem dritten Besitzer zu, so erlischt es auch dem gutgläubigen Erwerber gegenüber nicht.

Ob das Zubehör mit den Grundstücken mitveräußert wurde bzw. werden konnte, ergibt sich aus dem Inhalt des Kaufvertrags und aus §§ 314, 928 BGB. Im Zweifel ist nach dem oben angeführten § 926 Abs. I letzter Satz anzunehmen, daß das Zubehör mitveräußert wurde.

14. Zu dem Ausdruck „als Vertreter" ist in der Begründung zum Entwurf eines Gesetzes betr. die Abänderung des Forstgesetzes vom 27. Sept. 1907 (Verh. d. K. d. Abg. 1907/08 BeilBd. I S. 321 ff.) zu § 1 ausgeführt: „Die Ausdehnung 2c. — auf die Fälle, in denen der Güterhändler als Vertreter eines anderen auftritt, ist geboten, um Umgehungen des Gesetzes zu verhüten. Um auch die Fälle zu treffen, in denen der Güterhändler gesetzlicher Vertreter ist, spricht der Entwurf in Abweichung von Art. 19. des Ablösungsgesetzes vom 2. Februar 1898 nicht davon, daß der Güterhändler in Vollmacht eines anderen, sondern davon, daß er als Vertreter eines anderen erwirbt oder veräußert." Das Vorkaufsrecht greift also auch dann Platz, wenn der Güterhändler seine Frau, oder ein minderjähriges Kind oder ein Mündel als Strohmann vorschiebt und als dessen gesetzlicher Vertreter handelt.

Für die Anwendung des Gesetzes ist erforderlich, daß der Güterhändler im eigenen Namen oder als Vertreter eines anderen beim Abschluß des Kaufvertrags beteiligt ist. Wenn der Güterhändler lediglich als Agent oder Schmuser die Gelegenheit zum Kauf eines Anwesens ausgemittelt hat und den Vertrag nicht für den Käufer abschließt, sondern diesem nur behilflich ist, greift das Vorkaufsrecht nicht Platz, wenn nicht der Güterhändler am Geschäft als stiller Teilhaber beteiligt ist (vgl. E. d. VGH. Slg. Bd. XXIV S. 190 Bl. f. a. Pr. LIII S. 255). Über stille Teilhaberschaft Anm. 6 zu Art. 5.

Art. 2.

I Der Güterhändler hat der Distriktsverwaltungsbehörde,[1] in deren Bezirke die verkauften Grundstücke liegen, binnen 3 Tagen[2] nach dem Abschlusse des Vertrags von diesem Anzeige zu erstatten. Liegen die verkauften Grundstücke in den Bezirken mehrerer Distriktsverwaltungsbehörden, so ist die Anzeige an die Distriktsverwaltungsbehörde zu erstatten, in deren Bezirke der Betriebssitz[3] oder, wenn ein solcher nicht vorhanden ist, die größere Fläche der Grundstücke liegt.

II Die Anzeige hat den Namen, Beruf und Wohnort des Verkäufers, die Plannummern, den Flächeninhalt und die Steuergemeinde der Grundstücke, den Kaufpreis und die Zahlungsbedingungen sowie die Belastung des Anwesens mit Bodenzinsen zu enthalten. Der Anzeige wird durch Vorlage einer Abschrift des Vertrags genügt.[4]

III Die Distriktsverwaltungsbehörde gibt von der Anzeige den im Art. 1 genannten Vorkaufsberechtigten unverzüglich Kenntnis.

VollzBek. § 1. „[I] Wer den Handel mit landwirtschaftlichen oder der Privatwaldwirtschaft dienenden Grundstücken gewerbsmäßig betreibt (Güterhändler), hat der Distriktsverwaltungsbehörde den Ankauf geschlossen bewirtschafteter landwirtschaftlicher und forstwirtschaftlicher Grundstücke binnen 3 Tagen nach dem Abschlusse des Vertrages anzuzeigen. (GG. Art. 2.)

[II] Als geschlossen bewirtschaftete Grundstücke gelten Anwesen oder Grundstücke von mindestens 2 ha Flächeninhalt, die innerhalb der letzten drei Jahre vor der Veräußerung zusammen bewirtschaftet worden sind. (GG. Art. 10.)

[III] Die Anzeige ist ohne Rücksicht darauf zu machen, ob die Grundstücke zum Zwecke der Zertrümmerung erworben werden oder nicht. Sie muß ferner auch dann erstattet werden, wenn die Grundstücke von dem Güterhändler nicht im ganzen, sondern einzeln erworben worden sind. (GG. Art. 12 Abs. I.)

[IV] Der Güterhändler hat die Anzeige auch dann zu erstatten, wenn er die Grundstücke nicht für sich sondern als Vertreter eines anderen kauft. (GG. Art. 1 Abs. III.) Werden die Grundstücke von einem Dritten, jedoch für Rechnung eines Güterhändlers gekauft, so hat die Anzeige der Dritte zu erstatten; werden sie von einem Güterhändler und einem Dritten gekauft, so obliegt die Anzeige sowohl dem Dritten als auch dem Güterhändler, die Anzeige des einen befreit den anderen. (GG. Art. 12 Abs. II.)

[V] Die Anzeige ist nicht erforderlich, wenn der Güterhändler das Anwesen oder die Grundstücke von einem Verwandten oder Verschwägerten bis zum dritten Grad oder als Erbe oder Vermächtnisnehmer aus einem Nachlaß erworben hat. (GG. Art. 13.)

§ 3. Die im § 1 vorgeschriebene Anzeige hat zu enthalten:

1. den Namen, Beruf und Wohnort des Verkäufers,
2. die Plannummern, den Flächeninhalt und die Steuergemeinde der Grundstücke,
3. den Kaufpreis für jedes einzelne Grundstück oder, wenn das Anwesen im Ganzen gekauft und der

Preis für die einzelnen Grundstücke nicht ausgeschieden ist, den Gesamtpreis einschließlich des miterworbenen Inventars,

4. die Zahlungsbedingungen,
5. die Belastung der Grundstücke mit Bodenzinsen; bei mehreren belasteten Grundstücken genügt die Angabe der Gesamtbelastung,
6. den Tag des Vertragsabschlusses und die Behörde (Notariat), vor welcher der Vertrag geschlossen worden ist.

§ 6. Die im § 1 und die im § 2 bezeichneten Anzeigen sind an die Distriktsverwaltungsbehörde zu erstatten, in deren Bezirke die Grundstücke liegen. Liegen die Grundstücke in den Bezirken mehrerer Distriktsverwaltungsbehörden, so sind die Anzeigen an die Distriktsverwaltungsbehörde zu erstatten, in deren Bezirk der Betriebssitz oder, wenn ein solcher nicht vorhanden ist, die größere Fläche der Grundstücke liegt.

§ 10. Die im § 1 und im § 7 bestimmten Anzeigefristen beginnen mit dem Abschlusse des Vertrags auch dann, wenn der Vertrag wegen Fehlens einer Genehmigungserklärung oder aus einem sonstigen Grunde nicht grundbuchamtlich vollzogen werden kann.

§ 11. I Das Notariat, welches den Vertrag zwischen dem Güterhändler und dem Eigentümer der Grundstücke beurkundet hat, ist ermächtigt, auf Antrag des Güterhändlers für diesen die im § 1 bezeichnete Anzeige zu erstatten.

II Ist der Vertrag ohne Vorlage eines Bodenzinsbelastungszeugnisses beurkundet worden (Art. 18 Abs. II des Gesetzes vom 2. Februar 1898), so hat der Notar dies in der Anzeige anzugeben und den Güterhändler darauf aufmerksam zu machen, daß er die Bodenzinsbelastung der Distriktsverwaltungsbehörde selbst anzuzeigen hat.

III Zur Anzeige soll das Notariat das Formblatt Beilage I verwenden. Der Anzeige sollen so viele Abschriften beigelegt werden, als Vorkaufsberechtigte (GG. Art. 1) vorhanden sind.

IV Der Notar kann von dem Güterhändler für die Anzeige Schreibgebühren und Ersatz der Postgebühren verlangen. Die Schreibgebühren bemessen sich nach § 80 des Reichsgerichtskostengesetzes.

V Die im § 7 und im § 9 bezeichneten Anzeigen sollen von dem Notariate nicht an Stelle des Güterhändlers erstattet werden. Gleiches gilt von der im § 2 vorgeschriebenen Anzeige, doch kann das Notariat diese Anzeige mit der im § 1 bezeichneten für den Güterhändler verbinden.

§ 19. I Die im § 1 bezeichneten Anzeigen sind von den Distriktsverwaltungsbehörden als besonders dringlich zu behandeln und unter Verwendung des Formblattes Beilage III umgehend den Vorkaufsberechtigten mitzuteilen. Sind im Falle des Art. 2 Abs. I Satz 2 des Güterzertrümmerungsgesetzes der Distriktsverwaltungsbehörde die in einem anderen Bezirke bestehenden vorkaufsberechtigten Genossenschaften nicht bekannt, so sind sie auf kürzestem Wege — telephonisch oder telegraphisch — zu ermitteln Von einer Zustellung der Anzeige durch Vermittlung der anderen Distriktsverwaltungsbehörde ist abzusehen.

II Wird die Anzeige durch Vorlage einer Abschrift des notariellen Vertrags erstattet, so braucht den Vorkaufsberechtigten nur ein Auszug aus dem Vertrage mitgeteilt zu werden, der die für den Vorkaufsberechtigten wichtigen Bestimmungen, jedenfalls aber die notwendigen Angaben der Anzeige (GG. Art. 2 Abs. II) enthalten muß.

1. In München der Polizeidirektion (nicht dem Stadtmagistrat), welcher der Vollzug des GG. obliegt. Über die Befugnis der Distriktsverwaltungsbehörde zur Einsichtnahme der Notariatsurkunden und öffentlicher Bücher vgl. Anm. zu § 21 der VollzBek. unten S. 104.

2. Über Fristberechnung siehe Anm. 1 zu Art. 3. Die Anzeige muß vor Ablauf des dritten Tages nach dem Tag, an welchem der notarielle Kaufvertrag abgeschlossen worden ist, bei der Distriktsverwaltungsbehörde eingelaufen sein. Über die Straffolgen siehe Art. 8.

3. Als Betriebssitz eines Anwesens hat der Wirtschaftshof zu gelten, von dem aus die Bewirtschaftung erfolgt, nicht etwa der Sitz der Verwaltung bei größeren Grundbesitzern, die eine Anzahl zerstreut liegender Güter von einer Zentralverwaltung aus leiten; denn nach der vorausgehenden Bestimmung kann es sich immer nur um eine Distriktsverwaltungsbehörde handeln, in deren Bezirk ein Teil der Grundstücke liegt.

Bei Grundstücken, die kein Anwesen bilden (vgl. Anm. 1 zu Art. 10), wird meistens die größere Fläche entscheidend sein. Über den Fall, daß der Wirtschaftshof auf der Grenze zweier Bezirke liegt vgl. AN. d. RVersA. Bd. VII Nr. 963 S. 208; Reger Bd. XI S. 65 (s. auch Goldschmit-Gardé Anm. 9 zu Art. 2.)

4. Der Inhalt der Anzeige ist durch § 3 der VollzBek. noch erweitert worden, indem als notwendiger Inhalt auch der Tag des Vertragsabschlusses und das Notariat, vor dem der Vertrag abgeschlossen wurde, vorgeschrieben ist. Diese Angaben sind für die Ausübung des Vorkaufsrechts von Wichtigkeit. Die Vorschrift des § 3 Ziff. 6 stützt sich nicht auf Art. 17 des GG. sondern auf §§ 35, 38 der Gewerbeordnung, siehe Anhang Nr. 8.

Art. 3.

I Die Frist zur Ausübung des Vorkaufsrechts beträgt drei Wochen. Sie beginnt mit dem Abschlusse des Vertrags[1] und läuft auch, wenn der Vorkaufsberechtigte von dem Abschlusse des Vertrags keine Kenntnis hat.[2]

II In Fällen, in denen ein beschleunigter Verkauf nötig ist, kann die Distriktsverwaltungsbehörde (Art. 2) auf Antrag eines Beteiligten die Frist verkürzen.[3]

III Die Ausübung des Vorkaufsrechts erfolgt durch Erklärung[4] gegenüber dem Grundbuchamt, in dessen Bezirke die verkauften Grundstücke liegen; liegen sie in den Bezirken mehrerer Grundbuchämter, so ist die Erklärung an das Grundbuchamt zu richten, in dessen Bezirke der Betriebssitz oder wenn ein solcher nicht vorhanden ist, die größere Fläche der Grundstücke liegt.[5] Die Erklärung bedarf nicht der für den Kaufvertrag bestimmten Form.[6] Das Grundbuchamt hat die Erklärung dem Güterhändler unverzüglich mitzuteilen.[7]

IV Sind mehrere Vorkaufsberechtigte vorhanden, so kann jeder das Vorkaufsrecht ausüben. Kommt eine Einigung zwischen mehreren Vorkaufsberechtigten nicht zustande, so hat der Vorkaufsberechtigte den Vorrang, welcher die Erklärung zuerst abgegeben hat.[8] Erfolgen die Erklärungen gleichzeitig, so kann die Distriktsverwaltungsbehörde (Art. 2) auf Antrag bestimmen, welcher Vorkaufsberechtigte den Vorrang hat.[9]

1. Unter „Abschluß des Vertrags“ ist die Vollendung der notariellen Urkunde über den Kauf zu verstehen. Ob der Vertrag grundbuchamtlich vollzogen werden kann, ist ohne Belang. (Vgl. VollzBek. § 10). Für die Berechnung der Frist sind §§ 186 bis 193 BGB. maßgebend.

§ 186. Für die in Gesetzen, gerichtlichen Verfügungen und Rechtsgeschäften enthaltenen Frist- und Terminsbestimmungen gelten die Auslegungsvorschriften der §§ 187 bis 193.

§ 187. Ist für den Anfang einer Frist ein Ereignis oder ein in den Lauf eines Tages fallender Zeitpunkt maßgebend, so wird bei der Berechnung der Frist der Tag nicht mitgerechnet, in welchen das Ereignis oder der Zeitpunkt fällt.

Ist der Beginn eines Tages der für den Anfang einer Frist maßgebende Zeitpunkt, so wird dieser Tag bei der Berechnung der Frist mitgerechnet. Das gleiche gilt von dem Tage der Geburt bei der Berechnung des Lebensalters.

§ 188. Eine nach Tagen bestimmte Frist endigt mit dem Ablaufe des letzten Tages der Frist.

Eine Frist, die nach Wochen, nach Monaten oder nach einem mehrere Monate umfassenden Zeitraume — Jahr, halbes Jahr, Vierteljahr — bestimmt ist, endigt im Falle des § 187 Abs. 1 mit dem Ablaufe desjenigen Tages der letzten Woche oder des letzten Monats, welcher durch seine Benennung oder seine Zahl dem Tage entspricht, in den das Ereignis oder der Zeitpunkt fällt, im Falle des § 187 Abs. 2 mit dem Ablaufe desjenigen Tages der letzten Woche oder des letzten Monats, welcher dem Tage vorhergeht, der durch seine Benennung oder seine Zahl dem Anfangstage der Frist entspricht.

Fehlt bei einer nach Monaten bestimmten Frist in dem letzten Monate der für ihren Ablauf maßgebende Tag, so endigt die Frist mit dem Ablaufe des letzten Tages dieses Monats.

§ 189. Unter einem halben Jahr wird eine Frist von sechs Monaten, unter einem Vierteljahr eine Frist von drei Monaten, unter einem halben Monat eine Frist von fünfzehn Tagen verstanden.

Ist eine Frist auf einen oder mehrere ganze Monate und einen halben Monat gestellt, so sind die fünfzehn Tage zuletzt zu zählen.

§ 190. Im Falle der Verlängerung einer Frist wird die neue Frist von dem Ablaufe der vorigen Frist an berechnet.

§ 191. Ist ein Zeitraum nach Monaten oder nach Jahren in dem Sinne bestimmt, daß er nicht zusammenhängend zu verlaufen braucht, so wird der Monat zu dreißig, das Jahr zu dreihundertfünfundsechzig Tagen gerechnet.

§ 192. Unter Anfang des Monats wird der erste, unter Mitte des Monats der fünfzehnte, unter Ende des Monats der letzte Tag des Monats verstanden.

§ 193. Ist an einem bestimmten Tage oder innerhalb einer Frist eine Willenserklärung abzugeben oder eine Leistung zu bewirken und fällt der bestimmte Tag oder der letzte Tag der Frist auf einen Sonntag oder einen am Erklärungs- oder Leistungsorte staatlich anerkannten allgemeinen Feiertag, so tritt an die Stelle des Sonntags oder des Feiertags der nächstfolgende Werktag.

Die Frist endigt demnach mit Ablauf des Tages der dritten Woche, der durch seine Benennung dem Tage entspricht, an dem der Vertrag abgeschlossen worden ist; ist dieser Tag ein Sonntag oder ein gesetzlicher Feiertag, so endet die Frist erst mit Ablauf des nächstfolgenden Werktages. Die Erklärung (siehe Abs. III) muß innerhalb der Frist nicht nur abgegeben worden, sondern auch in den Einlauf des empfangsberechtigten Grundbuchamts gekommen sein.

2. Die Bestimmung ist abweichend von der des § 510 BGB., wonach die Frist zur Ausübung des Vorkaufsrechts erst vom Empfang der Mitteilung über den Vertragsabschluß zu laufen beginnt. In der Begründung zum Regierungsentwurf ist hierzu ausgeführt:

„Diese Regelung, ebenso wie die Bestimmung, daß die Frist auch dann läuft, wenn der Vorkaufsberechtigte von dem Abschluß des Vertrags keine Kenntnis hat, ist vorgesehen, um die Rechtssicherheit im Güterverkehr nicht zu gefährden. Sie kann in einzelnen Fällen allerdings dazu führen, daß die Ausübung des Vorkaufsrechts unmöglich gemacht wird. Allein dieser Nachteil fällt weniger ins Gewicht als die im andern Falle bestehende Möglichkeit, daß das Vorkaufsrecht noch nach Jahren ausgeübt werden könnte, wenn die Verständigung eines Vorkaufsberechtigten aus irgendeinem Grund und zwar auch ohne Verschulden des Verpflichteten, z. B. durch ein Versehen der Distriktsverwaltungsbehörde unterlassen worden wäre."

3. **VollzBek.** § 20. „Eine Abkürzung der Frist zur Ausübung des Vorkaufsrechts (GG. Art. 3 Abs. II) ist auf Antrag eines Beteiligten insbesondere dann zu verfügen, wenn durch die Hinausschiebung der Ent-

scheidung darüber, wer Eigentümer der Grundstücke wird, dem Antragsteller ein unverhältnismäßiger Nachteil erwachsen würde. Dies wird in der Regel dann anzunehmen sein, wenn durch Ableben oder Erkrankung des bisherigen Besitzers niemand vorhanden ist, der für die Weiterbewirtschaftung der Grundstücke bis zum Ablaufe der gesetzlichen Frist sorgen kann oder wenn die Aberntung der Grundstücke vor Ablauf der Frist notwendig ist. Die Vorkaufsberechtigten sind von der Abkürzung der Frist so rechtzeitig zu verständigen, daß sie noch vor Ablauf der abgekürzten Frist die Erklärung nach Art. 3 Abs. III des Güterzertrümmerungsgesetzes abgeben können."

Die Unsicherheit darüber, wer Eigentümer der Grundstücke wird, kann übrigens auch dadurch früher beseitigt werden, daß der Güterhändler die Vorkaufsberechtigten um eine rechtsverbindliche Erklärung über die Nichtausübung des Vorkaufsrechts ersucht, die schon vor Abschluß des Kaufvertrags abgegeben werden kann. Ein solcher Verzicht auf die Ausübung des Vorkaufsrechts ist zulässig, da er im Gesetz nicht verboten ist. (Vgl. dagegen Art. 5 V). Ein Verzicht auf das gesetzlich eingeräumte Recht selbst, also für alle künftigen Fälle, wäre dagegen unwirksam. Wer als „beteiligt" anzusehen ist, ist weder in den Gesetzgebungsverhandlungen noch in der VollzBek. angegeben. Bei der Absicht der Vorschrift, Härten die sich aus dem Vollzuge des GG. ergeben können, zu vermeiden, wird als Beteiligter jeder anzuerkennen sein, der an der Abkürzung der Frist ein sachlich begründetes Interesse hat (anders Goldschmit-Gardé Anm. 3 zu Art. 3).

4. **VollzBek.** § 22. I Die Ausübung des Vorkaufsrechts erfolgt dadurch, daß der Vorkaufsberechtigte gegenüber dem Grundbuchamt erklärt, daß er von dem Vorkaufsrechte Gebrauch macht. Die Erklärung ist an eine besondere Form nicht gebunden; sie kann schriftlich oder mündlich erfolgen; erfolgt sie mündlich, so ist sie von dem Grundbuchamte zu Protokoll zu nehmen.

II Zur Entgegennahme der Erklärung ist das Grundbuchamt zuständig, in dessen Bezirke die verkauften

Grundstücke liegen; liegen sie in den Bezirken mehrerer Grundbuchämter, so ist die Erklärung an das Grundbuchamt zu richten, in dessen Bezirke der Betriebssitz oder, wenn ein solcher nicht vorhanden ist, die größere Fläche der Grundstücke liegt. Ist es zweifelhaft, wo der Betriebssitz oder die größere Fläche liegt, so empfiehlt es sich, die Erklärung an alle Grundbuchämter zu richten, in deren Bezirke die Grundstücke liegen.

III Das Grundbuchamt hat beglaubigte Abschrift der Erklärung dem Güterhändler unverzüglich mitzuteilen; die Mitteilung erfolgt durch eingeschriebenen Brief gegen Rückschein. Die Erklärung selbst und der Nachweis der Mitteilung sind in die Grundbuchanlagen einzureihen.

IV Für die Entgegennahme der Erklärung und die Mitteilung an den Güterhändler kommen Gebühren nicht in Ansatz. Für die Übersendung der Mitteilung werden Schreibgebühren und Postgebühren von dem Vorkaufsberechtigten erhoben.

Durch die Abgabe der Erklärung vor dem Grundbuchamt erfolgt der Abschluß des Kaufvertrags zwischen dem Verkäufer und dem Vorkaufsberechtigten unter denselben Bedingungen, wie sie zwischen ersterem und dem Güterhändler vereinbart waren. Ein weiterer notarieller Vertrag ist nicht erforderlich. Dagegen muß zur Übertragung des Eigentums noch die Auflassung vor dem Grundbuchamt und die Umschreibung im Grundbuch erfolgen.

Die in Goldschmit-Gardé Anm. 6 zu Art. 3 enthaltene Bemängelung der Abs. I und III des § 22 VollzBek. ist verfehlt. Art. 9 des AG. z. GO. bildet kein Hindernis für die Vorschrift, daß die Erklärung zu Protokoll zu nehmen ist. Daß in dieser Bestimmung keine Formvorschrift für die Erklärung liegt, ist ohne weiteres klar, da sich die Vorschrift an das Grundbuchamt, nicht an den Berechtigten wendet. Die Erklärung ist rechtswirksam, auch wenn das Grundbuchamt pflichtwidrig die Protokollierung unterläßt.

Ebenso geht die Ausstellung fehl, daß Abs. III die Mitteilung einer beglaubigten Abschrift der „Erklärung“ fordert, obwohl das Protokoll nicht die Erklärung sei. Denn diese Vorschrift bezieht sich nicht nur auf den Fall der mündlichen Abgabe der Erklärung sondern auch auf den der schriftlichen Erklärungsabgabe. Es ist also vollkommen zutreffend die Mitteilung einer beglaubigten Abschrift der „Erklärung“ gefordert.

5. Vgl. Anm. 2 zu Art. 2. Die Vorschrift, daß die Erklärung gegenüber dem Grundbuchamte abzugeben ist, weicht ab von den Bestimmungen des BGB. § 505, wonach die Ausübung des Vorkaufsrechts durch Erklärung gegenüber dem Verpflichteten erfolgt. Diese Regelung wurde gewählt, um den Berechtigten die Ausübung des Vorkaufsrechts gegenüber den Güterhändlern zu erleichtern, die häufig Geschäfte in weiter Entfernung von ihrem Wohnort oder Geschäftssitz abschließen und so für den Vorkaufsberechtigten schwer erreichbar sein können.

6. Ein Muster für die Erklärung ist auf dem Formblatt Beil. III der VollzBek. gegeben (siehe Anhang).

Die Erklärung kann im Bedarfsfalle auch telegraphisch oder telephonisch abgegeben werden. Vgl. die Bemerkungen des Reichsrats von Thelemann zu Art. 3 Abs. III und des Regierungskommissärs in der Sitzung des I. und III. Ausschusses der RRKammer vom 12. Juli 1910, S. 20/21 des Protokolls. Wird sie telephonisch abgegeben, so ist sie gleichfalls zu Protokoll zu nehmen. Allerdings ist zu beachten, daß bei telephonischer oder telegraphischer Abgabe der Erklärung eventuell der Beweis geführt werden muß, daß die Erklärung wirklich von dem Berechtigten abgegeben worden ist.

7. Die Mitteilung der Erklärung an den Güterhändler hat nur den Zweck, diesen zu verständigen, daß vom Vorkaufsrecht Gebrauch gemacht worden ist; die Unterlassung der Mitteilung ist für die Rechtswirksamkeit der Erklärung belanglos.

8. Die verschiedenen Vorkaufsberechtigten können das Vorkaufsrecht unabhängig voneinander ausüben. Dadurch, daß das Vorkaufsrecht von einem der Berechtigten ausgeübt wird, wird der Anspruch der übrigen Berechtigten nicht konsumiert. Er kann nur infolge des Vorrangs der ersten Erklärung nicht *wirksam* ausgeübt werden. Wird die erste

Erklärung durch einen zulässigen Verzicht rückgängig gemacht, so wird die Erklärung des nächsten Berechtigten wirksam.

9. Werden die Erklärungen von zwei oder mehreren Vorkaufsberechtigten gleichzeitig beim Grundbuchamte abgegeben, so ist das Vorkaufsrecht von allen wirksam ausgeübt. Können sich die Berechtigten über die gemeinsame Ausübung des Vorkaufsrechts jedoch nicht einigen, so entscheidet die Distriktsverwaltungsbehörde auf Antrag der Beteiligten, welchem der Beteiligten der Anspruch auf Übertragung des Eigentums zusteht. Die Entscheidung braucht nicht innerhalb der Frist des Abs. I zu erfolgen. Über das Verfahren bestimmt die

VollzBek. § 23. I Sind bei dem Grundbuchamte Erklärungen von mehreren Vorkaufsberechtigten gleichzeitig eingelaufen, so hat das Grundbuchamt hievon die Distriktsverwaltungsbehörde sofort zu verständigen.

II Die Distriktsverwaltungsbehörde fordert die Vorkaufsberechtigten zur Erklärung auf, ob sie sich über die Ausübung des Vorkaufsrechts einigen oder Antrag auf Entscheidung (GG. Art. 3 Abs. IV) stellen wollen.

III Zwischen mehreren Vorkaufsberechtigten ist dem der Vorrang zuzusprechen, welcher die größere Gewähr für Durchführung der Zertrümmerung nach Rücksichten der Gemeinwirtschaft bietet. In der Regel wird die Gemeinde dem Darlehenskassenverein, der Darlehenskassenverein den sonstigen juristischen Personen vorzugehen haben. Bei Zusammentreffen mehrerer Gemeinden oder mehrerer Genossenschaften hat der größere gemeinwirtschaftliche Nutzen den Ausschlag zu geben.

Was unter „Gemeinwirtschaft" und „gemeinwirtschaftlichem Nutzen" zu verstehen ist, wird nicht näher erläutert. Der Ausdruck wird nach der grundlegenden Absicht des ganzen Gesetzes dahin auszulegen sein, daß dem der Vorrang zuzusprechen ist, der die Zertrümmerung voraussichtlich in einer Weise durchführt, welche die schädlichen Nebenwirkungen der Güterzertrümmerung — unwirtschaftliche Gestaltung des Restgutes, übermäßige Verteuerung der Parzellen 2c. 2c. — tunlichst vermeidet.

Zur Stellung des Antrags auf Entscheidung sind nach § 23 Abs. II VollzBek. die Vorkaufsberechtigten berechtigt. Ob auch andere Personen, insbesondere der Verkäufer und der Güterhändler zur Antragstellung berechtigt sind, ist weder im Gesetz noch in den Vollzugsvorschriften gesagt; die Vorschrift in § 23 Abs. II schließt dies aber jedenfalls nicht aus, da sie nur bestimmt, wer von der Distriktsverwaltungsbehörde zur Antragstellung aufzufordern ist. Da sowohl der Verkäufer als der Güterhändler an der Herbeiführung der Entscheidung ein sachlich begründetes Interesse haben können, wird auch deren Antrag zu berücksichtigen sein. (So auch Goldschmit-Gardé Anm. 8 zu Art. 3.)

Art. 4.

I Dritten gegenüber hat das Vorkaufsrecht die Wirkung einer Vormerkung zur Sicherung des durch die Ausübung des Rechtes entstehenden Anspruchs auf Übertragung des Eigentums.[1]

II Im übrigen bestimmt sich das Rechtsverhältnis zwischen dem Berechtigten und dem Verpflichteten und, wenn die Grundstücke in das Eigentum eines Dritten kommen, zu diesem nach § 504, § 505 Abs. II, §§ 506—508, 511, 512, 514, § 1099 Abs. II, §§ 1100—1102 des Bürgerlichen Gesetzbuchs.[2 3]

1. Die Vorschrift entspricht wörtlich dem § 1098 Abs. II des BGB. Sie bestimmt, daß das Vorkaufsrecht jedem Dritten — im Gegensatz zum Verkäufer — gegenüber, also sowohl gegenüber dem Güterhändler, der das Grundstück erworben hat, als gegenüber einem Dritten, an den er es weiter veräußert hat, wie eine Vormerkung zur Sicherung des Anspruchs auf die Eigentumsübertragung wirkt. Über die Wirkung einer solchen Vormerkung bestimmt § 883 BGB.:

> **§ 883.** „Zur Sicherung des Anspruchs auf Einräumung oder Aufhebung eines Rechtes an einem Grundstück oder an einem das Grundstück belastenden Rechte oder auf Änderung des Inhalts oder des Ranges eines solchen Rechtes

kann eine Vormerkung in das Grundbuch eingetragen werden. Die Eintragung einer Vormerkung ist auch zur Sicherung eines künftigen oder eines bedingten Anspruchs zulässig.

Eine Verfügung, die nach der Eintragung der Vormerkung über das Grundstück oder das Recht getroffen wird, ist insoweit unwirksam, als sie den Anspruch vereiteln oder beeinträchtigen würde. Dies gilt auch, wenn die Verfügung im Wege der Zwangsvollstreckung oder der Arrestvollziehung oder durch den Konkursverwalter erfolgt.

Der Rang des Rechtes, auf dessen Einräumung der Anspruch gerichtet ist, bestimmt sich nach der Eintragung der Vormerkung."

Hiernach entscheidet sich auch die Frage, welche Wirkung das durch das Güterzertrümmerungsgesetz begründete Vorkaufsrecht gegenüber anderen Vorkaufsrechten hat.

Das BGB. kennt als gesetzliches Vorkaufsrecht nur das der Miterben an dem Anteil eines anderen Erben nach §§ 2034—2037. Dieses Vorkaufsrecht geht als auf Reichsgesetz beruhend dem des GG. vor. Sonstige gesetzliche Vorkaufsrechte (Retrakte, Einstandsrechte, Näherechte) wie sie nach gemeinem Rechte und einzelnen Landesrechten bestanden, kennt das BGB. nicht.

Außerdem gibt es nach dem BGB. noch persönliche und dingliche Vorkaufsrechte. (§§ 504—514 und §§ 1094 bis 1104).

Das persönliche oder obligatorische Vorkaufsrecht tritt hinter dem gesetzlichen unter allen Umständen zurück. Dem dinglichen wird nur dann der Vorrang zukommen, wenn es schon vor Inkrafttreten des GG. in das Grundbuch eingetragen war.

Die Richtigkeit dieser Annahme wird von Dr. Goldschmit in BayZfR. 1910 S. 421 bestritten (s. a. Goldschmit-Gardé Anm. 6 zu Art. 1) mit der Begründung, daß das gesetzliche Vorkaufsrecht des GG. erst in dem Augenblicke entstehe, in dem ein nach dem GG. vorkaufspflichtiger Kaufvertrag abgeschlossen ist und erst von dem gleichen Augenblick an (gemäß Art. 4 GG.) als eingetragen gelte. Da für das Vorkaufsrecht des GG. kein gesetzliches

Rangprivileg bestehe, gehe sonach ein in diesem Zeitpunkte bereits eingetragenes vertragsmäßiges Vorkaufsrecht dem des GG. vor.

Dieser Schlußfolgerung wäre zuzustimmen, wenn es richtig wäre, daß das Vorkaufsrecht des GG. erst mit dem Abschluß eines vorkaufspflichtigen Vertrags zur Entstehung komme. Das ist nicht zutreffend. Das Vorkaufsrecht des GG. ist begründet durch das Gesetz und ist mit der Ingeltungtretung des Gesetzes zur Entstehung gelangt, ebenso wie das obligatorische mit Abschluß des Vertrags über die Einräumung des Rechtes.

Der Wortlaut des Art. 1 GG.: „Verkauft 2c. an einen gewerbsmäßigen Händler mit landwirtschaftlichen Grundstücken, so sind zum Vorkaufe berechtigt 2c." kann nicht als aufschiebende Bedingung für die Entstehung des Rechtes in Betracht kommen, da damit die Wirksamkeit der Vorschrift in Frage gestellt würde. Nicht die Entstehung des Rechtes wird durch die Bedingung aufgeschoben, sondern das entstandene Recht ist ein bedingtes, ebenso wie das vertragsmäßige Vorkaufsrecht. Allein das hindert nicht seine dingliche Geltung vom Zeitpunkt der Entstehung ab, da gemäß § 883 Abs. I letzter Satz BGB. die Eintragung einer Vormerkung im Grundbuch auch zur Sicherung eines bedingten Anspruchs zulässig ist.

Der Abschluß des Kaufvertrags ist demnach nicht der Zeitpunkt, in dem das Vorkaufsrecht entsteht, sondern der, in dem es geübt werden kann (§ 504 BGB.).

Der Rang des Vorkaufsrechts des GG. bestimmt sich also nicht nach dem Zeitpunkte des Abschlusses des Kaufvertrags, sondern nach dem Inkrafttreten des Gesetzes.

Jede andere Auslegung würde dazu führen, daß der Güterhändler das Gesetz in der Weise umgehen könnte, daß er sich ein dingliches Vorkaufsrecht auf die Grundstücke einräumen und den Kaufvertrag durch einen Strohmann abschließen ließe. Die von Dr. Goldschmit (BayZfR. 1910 S. 421) zur Ausschließung dieser Folge versuchte Konstruktion (s. a. Goldschmit-Gardé Anm. 6 zu Art. 1) führt zu einer Kette ohne Ende. Würde es nämlich zulässig sein, daß nach Ausübung des vertragsmäßigen Vorkaufsrechts durch den Güterhändler das (nach der Anschauung Dr. Goldschmits) im Rang nachstehende Vorkaufsrecht des GG. gegen diesen ausgeübt werden könnte, so müßte, da hierdurch ein neuer Kaufvertrag zwischen dem Erstbesitzer und dem Vorkaufsberechtigten des GG. als abgeschlossen gilt, auch der Güterhändler sein dingliches Vorkaufsrecht gegen den neuen Erwerber wieder geltend machen können, da ja das dingliche Vorkaufsrecht durch die einmalige Ausübung nicht konsumiert wird, sondern bei jedem neuen Kauffall wieder ausgeübt werden kann. Darnach käme wieder das Vorkaufsrecht des GG. an die Reihe und so fort ohne Ende.

2. Die angeführten Paragraphen des BGB. lauten:

3. Vorkauf.

§ 504. Wer in Ansehung eines Gegenstandes zum Vorkaufe berechtigt ist, kann das Vorkaufsrecht ausüben, sobald der Verpflichtete mit einem Dritten einen Kaufvertrag über den Gegenstand geschlossen hat.

§ 505. (Die Ausübung des Vorkaufsrechts erfolgt durch Erklärung gegenüber dem Verpflichteten. Die Erklärung bedarf nicht der für den Kaufvertrag bestimmten Form).

Mit der Ausübung des Vorkaufsrechts kommt der Kauf zwischen dem Berechtigten und dem Verpflichteten unter den Bestimmungen zu Stande, welche der Verpflichtete mit dem Dritten vereinbart hat.

§ 506. Eine Vereinbarung des Verpflichteten mit dem Dritten, durch welche der Kauf von der Nichtausübung des Vorkaufsrechts abhängig gemacht oder dem Verpflichteten für den Fall der Ausübung des Vorkaufsrechts der Rücktritt vorbehalten wird, ist dem Vorkaufsberechtigten gegenüber unwirksam.

§ 507. Hat sich der Dritte in dem Vertrage zu einer Nebenleistung verpflichtet, die der Vorkaufsberechtigte zu bewirken außer Stande ist, so hat der Vorkaufsberechtigte statt der Nebenleistung ihren Wert zu entrichten. Läßt sich die Nebenleistung nicht in Geld schätzen, so ist die Ausübung des Vorkaufsrechts ausgeschlossen; die Vereinbarung der Nebenleistung kommt jedoch nicht in Betracht, wenn der Vertrag mit dem Dritten auch ohne sie geschlossen sein würde.

§ 508. Hat der Dritte den Gegenstand, auf den sich das Vorkaufsrecht bezieht, mit anderen Gegenständen zu einem Gesamtpreise gekauft, so hat der Vorkaufsberechtigte einen verhältnismäßigen Teil des Gesamtpreises zu entrichten. Der Verpflichtete kann verlangen, daß der Vorkauf auf alle Sachen erstreckt wird, die nicht ohne Nachteil für ihn getrennt werden können.

§ 511. Das Vorkaufsrecht erstreckt sich im Zweifel nicht auf einen Verkauf, der mit Rücksicht auf ein künftiges Erbrecht an einen gesetzlichen Erben erfolgt.

§ 512. Das Vorkaufsrecht ist ausgeschlossen, wenn der Verkauf im Wege der Zwangsvollstreckung oder durch den Konkursverwalter erfolgt.

§ 514. Das Vorkaufsrecht ist nicht übertragbar und geht nicht auf die Erben des Berechtigten über, sofern nicht ein Anderes bestimmt ist. Ist das Recht auf eine bestimmte Zeit beschränkt, so ist es im Zweifel vererblich.

§ 1099. (Gelangt das Grundstück in das Eigentum eines Dritten, so kann dieser in gleicher Weise wie der Verpflichtete dem Berechtigten den Inhalt des Kaufvertrags mit der im § 510 Abs. 2 bestimmten Wirkung mitteilen.)

Der Verpflichtete hat den neuen Eigentümer zu benachrichtigen, sobald die Ausübung des Vorkaufsrechts erfolgt oder ausgeschlossen ist.

§ 1100. Der neue Eigentümer kann, wenn er der Käufer oder ein Rechtsnachfolger des Käufers ist, die Zustimmung zur Eintragung des Berechtigten als Eigentümer und die Herausgabe des Grundstücks verweigern, bis ihm der zwischen dem Verpflichteten und dem Käufer vereinbarte Kaufpreis, soweit er berichtigt ist, erstattet wird. Erlangt der Berechtigte die Eintragung als Eigentümer, so kann der bisherige Eigentümer von ihm die Erstattung des berichtigten Kaufpreises gegen Herausgabe des Grundstücks fordern.

§ 1101. Soweit der Berechtigte nach § 1100 dem Käufer oder dessen Rechtsnachfolger den Kaufpreis zu erstatten hat, wird er von der Verpflichtung zur Zahlung des aus dem Vorkaufe geschuldeten Kaufpreises frei.

§ 1102. Verliert der Käufer oder sein Rechtsnachfolger in Folge der Geltendmachung des Vorkaufsrechts das Eigentum, so wird der Käufer, soweit der von ihm geschuldete Kaufpreis noch nicht berichtigt ist, von seiner Verpflichtung frei; den berichtigten Kaufpreis kann er nicht zurückfordern.

3. Das Vorkaufsrecht äußert seine rechtlichen Wirkungen in folgenden Richtungen:

I. Durch die Ausübung des Vorkaufsrechts kommt der Kauf zwischen dem Verkäufer (Bauern) und dem Vorkaufsberechtigten unter den Bestimmungen zu Stande, welche der Verkäufer mit dem Güterhändler vereinbart hat. (§ 505 Abs. II BGB.).

Die rechtliche Wirkung ist die, daß der zwischen dem Eigentümer und dem Erstkäufer abgeschlossene Vertrag rechtsunwirksam wird, und daß durch die Erklärung des Vorkaufsberechtigten ein neuer Vertrag zwischen dem Eigentümer und dem Vorkäufer zustande kommt, der jedoch abgesehen von der Änderung in der Person des Käufers genau den gleichen Inhalt hat, wie der erste Vertrag. Allerdings ist der Zeitpunkt des Vertragsabschlusses geändert, da hierfür nicht der Zeitpunkt des Abschlusses des Kaufvertrags, sondern jener der Empfangnahme der Erklärung des Vorkaufsberechtigten maßgebend ist. Das kann bei inzwischen eingetretenen Änderungen im Bestande des Kaufobjekts, dann bezüglich des Übergangs von Rechten und Lasten usw. auch Änderungen des Inhalts der Vertragsbestimmungen zur Folge haben.

Voraussetzung für die wirksame Ausübung des Vorkaufsrechts, d. i. also für das Zustandekommen des Kaufes zwischen dem Grundeigentümer und dem Vorkaufsberechtigten ist, daß ein gültiger Kaufvertrag zwischen dem Grundeigentümer und dem Güterhändler vorlag; war dieser nichtig (z. B. wegen Mangels der notariellen Verlautbarung) oder wird er infolge Anfechtung aufgehoben, so verliert auch die Ausübung des Vorkaufsrechts ihre Wirksamkeit.

Durch die wirksame Ausübung des Vorkaufsrechts erlangt der Vorkaufsberechtigte jedoch noch nicht das Eigentum an den Grundstücken, sondern nur einen obligatorischen Anspruch auf Übertragung des Eigentums gegenüber dem Verkäufer. Dieser Anspruch ist durch die Vorschrift des Art. 4 GG. verdinglicht, d. h. er wirkt auch gegenüber dem Käufer (Güterhändler) und dessen Rechtsnachfolgern.

II. Zur Übertragung des Eigentums an Grundstücken ist erforderlich:

1. Der obligatorische Vertrag (im vorliegenden Fall der Kaufvertrag), der gemäß § 313 BGB., Art. 141 EG. z. BGB., Art. 15 Abs. II des AG. z. Reichsgerichtsverfassungsgesetz und Art. 1 des NotG. der notariellen Beurkundung bedarf;
2. die Auflassung, das ist die Einigung des Berechtigten (Verkäufers) und des andern Teils (Käufers) über den Eintritt der Rechtsänderung (Eigentumsübertragung) (§ 873 BGB.) die gemäß § 925 BGB. Art. 143 EG. z. BGB. und Art. 81 AG. z. BGB. bei gleichzeitiger Anwesenheit beider Teile vor dem Grundbuchamt oder vor dem Notariat erklärt werden muß;
3. die Eintragung der Rechtsänderung im Grundbuch (§ 873 BGB).

Hat ein Güterhändler einen Kaufvertrag der in Art. 1 GG. bezeichneten Art abgeschlossen und die Auflassung herbeigeführt, so bedarf er zur Erlangung des Eigentums an den Grundstücken sonach noch der Eintragung der Rechtsänderung im Grundbuch.

Das Vorkaufsrecht des GG. hat gemäß Art. 4 GG. die Wirkung einer Vormerkung (im Grundbuch) zur Sicherung des durch die Ausübung des Rechtes entstehenden Anspruchs (des Vorkaufsberechtigten) auf Übertragung des Eigentums.

Der Anspruch entsteht aber erst durch die Ausübung des Vorkaufsrechts, nicht schon durch dessen Bestehen.

Das Recht des Vorkaufsberechtigten wird sonach durch den Eintrag der Eigentumsänderung nicht betroffen, solange er das Vorkaufsrecht nicht ausgeübt hat. Infolgedessen ist die Bewilligung des Vorkaufsberechtigten, der das Recht noch nicht ausgeübt hat, zur Eintragung der Eigentumsänderung zu Gunsten des Güterhändlers nicht erforderlich (GO. § 19).

Dem Antrage des Güterhändlers auf Eintragung muß also in diesem Fall vom Grundbuchamt entsprochen werden, wenn die übrigen Voraussetzungen gegeben sind, obwohl die Möglichkeit besteht, daß durch die Ausübung des Vorkaufsrechts ein obligatorischer, dinglich geschützter Anspruch des Vorkaufsberechtigten auf Übertragung des Eigentums gegen den Verkäufer entsteht.

Es empfiehlt sich also für den Verkäufer, die Auflassung nicht vorzunehmen und für den Güterhändler, die Eintragung nicht zu beantragen, solange noch nicht feststeht, daß das Vorkaufsrecht nicht ausgeübt wird. Denn für beide entstehen in diesem Falle nur Weiterungen, eventl. auch Kosten, ohne daß sie den Übergang des Eigentums auf den Vorkaufsberechtigten hindern können.

Auf diese Folgen werden die Beteiligten von dem Grundbuchbeamten vor der Vornahme der Auflassung zweckmäßig hinzuweisen sein.

III. Wird das Vorkaufsrecht ausgeübt, nachdem der Güterhändler oder ein Rechtsnachfolger desselben bereits als Eigentümer eingetragen ist, so entstehen folgende Rechtswirkungen:

1. Der Kaufvertrag zwischen dem Verkäufer und dem Güterhändler ist durch Ausübung des Vorkaufsrechts kraft des Gesetzes beseitigt.

Dadurch wird jedoch die Eigentumsänderung noch nicht rechtsunwirksam, da diese infolge der Auflassung und der Eintragung im Grundbuch auch bei Ungültigkeit oder Wegfall des obligatorischen Vertrags zu Recht besteht (§ 313 BGB.).

Ein Anspruch auf Berichtigung des Grundbuchs besteht sonach nicht, da dessen Inhalt mit der wirklichen Rechtslage im Einklang steht (§ 894 BGB.).

Der Güterhändler ist also trotz des Wegfalls des Kaufvertrags noch Eigentümer der Grundstücke. Er kann aber das Eigentum gegenüber dem Vorkaufsberechtigten (und nunmehrigen Käufer) nicht geltend machen, weil dessen Anspruch auf Übertragung des Eigentums durch Art. 4 GG. ebenso gesichert ist, als wenn er im Grundbuch eingetragen gewesen wäre. Der Eintrag des Eigentumsübergangs zu Gunsten des Güterhändlers ist sonach gegenüber dem Vorkaufsberechtigten gemäß § 883 Abs. II BGB. unwirksam.

2. Der Vorkaufsberechtigte erlangt durch Ausübung des Vorkaufsrechts gegenüber dem Veräußerer einen obligatorischen Anspruch auf Übertragung des Eigentums.

Zur Übertragung des Eigentums ist außer dem Kaufvertrag, der durch die Erklärung des Vorkaufsberechtigten bereits rechtsgültig zustande gekommen ist, also keiner notariellen Beurkundung mehr bedarf, noch die Auflassung und die Eintragung im Grundbuch erforderlich.

Der Veräußerer ist deshalb zur Auflassung gegenüber dem Vorkaufsberechtigten verpflichtet. Er ist zur Abgabe der Erklärung auch legitimiert, weil die Eintragung des Güterhändlers als Eigentümer dem Vorkaufsberechtigten gegenüber unwirksam ist, ihm gegenüber also der Veräußerer noch als Eigentümer gilt.

Nach Vornahme der Auflassung kann die Eintragung des Vorkäufers als Eigentümer im Grundbuch erfolgen, ohne daß es der Zustimmung des Güterhändlers bedarf. Denn § 19 GO. findet auf ihn nicht Anwendung, da sein Eigentumsrecht dem Vorkäufer gegenüber unwirksam ist.

Aus dem gleichen Grund kann der Vorkäufer die Löschung der Eintragung des Güterhändlers als Eigentümer erzwingen.

In genau der gleichen Weise gestaltet sich das Verhältnis des Vorkäufers gegenüber einem Rechtsnachfolger des Güterhändlers, wenn dieser letztere die Grundstücke vor Ausübung des Vorkaufsrechts weiter veräußert hat.

IV. Wird das Vorkaufsrecht ausgeübt, ehe der Antrag des Güterhändlers auf Eintragung im Grundbuch vollzogen ist, so kann das Grundbuchamt den Antrag nicht mehr vollziehen, da ihm ein wesentliches Hindernis entgegensteht.

Denn durch die Ausübung des Vorkaufsrechts ist der Kaufvertrag zwischen Grundeigentümer und Güterhändler in Wegfall gekommen; das für die Eintragung durch § 98 GO. und Art. 12 AG. z. GO. aufgestellte Erfordernis der

Vorlage des obligatorischen Vertrags (§ 313 BGB.) kann also vom Güterhändler nicht mehr erfüllt werden. Zudem könnte die Eintragung des Güterhändlers nur mit Bewilligung des Vorkäufers erfolgen, da dessen durch die Ausübung des Vorkaufsrechts entstandener Anspruch auf Übertragung des Eigentums betroffen würde (§ 19 GO.).

Das Grundbuchamt hat den Antrag des Güterhändlers auf Eintragung entweder abzuweisen oder ihm eine Frist zur Hebung des Hindernisses zu bestimmen (§ 18 GO.).

V. Hat der Vorkäufer das Vorkaufsrecht ausgeübt und die Auflassung herbeigeführt, ehe der Güterhändler als Eigentümer im Grundbuch eingetragen ist, so ist dem Antrage des Vorkäufers auf Eintragung als Eigentümer im Grundbuch zu entsprechen, ohne daß es der Bewilligung des Güterhändlers bedarf, selbst wenn dieser die Eintragung vorher beantragt haben sollte. Denn dessen Recht, das im anderen Fall gemäß § 19 GO. zu berücksichtigen wäre, ist dem Vorkäufer gegenüber schon gemäß Art. 4 GG. unwirksam, wird also durch die Eintragung des Vorkäufers nicht mehr betroffen.

VI. Bezüglich der Tragung der Gebühren und Kosten bei Ausübung des Vorkaufsrechts ist vom Regierungsvertreter im Ausschuß der Reichsratskammer folgende Erklärung abgegeben worden:

„Was die Kostenfrage anbetreffe, so könne der Vorkaufsberechtigte sein Recht ausüben, nachdem der Verkäufer und der Käufer (Bauer und Güterhändler) erst den obligatorischen Kaufvertrag geschlossen oder nachdem sie schon die Auflassung erklärt hätten, oder nachdem der Käufer schon als Eigentümer in das Grundbuch eingetragen sei. In allen diesen Fällen müsse der Verkäufer (Bauer) dem Vorkaufsberechtigten das Grundstück auflassen. Zu dieser Auflassung bedürfe es aber nicht etwa noch erst eines notariellen Vertrags zwischen Verkäufer und Vorkaufsberechtigten, sondern der Vertrag zwischen Verkäufer und Käufer, in den der Vorkaufsberechtigte mit der Ausübung des Vorkaufsrechts von selbst eintrete, gelte als Grundlage der Auflassung zwischen Verkäufer (Bauer) und Vorkaufsberechtigtem. Die Auflassung finde also ohne weiteres statt.

Aus dem Gesagten folge, daß die Auflassung zwischen Verkäufer (Bauer) und Vorkaufsberechtigten von der Staatsgebühr und damit auch von der gemeindlichen Besitzveränderungsabgabe sowie von der Reichsstempelabgabe befreit sei, denn der obligatorische Vertrag zwischen Verkäufer und Käufer gelte auch als obligatorischer Vertrag zwischen Verkäufer und Vorkaufsberechtigten; nach dem Art. 150 des Gebührengesetzes und der Tarifnummer 11 lit. d Abs. 2 des Reichsstempelgesetzes sei die Auflassung abgabenfrei, wenn der Veräußerungsvertrag abgabenpflichtig sei. Zwar machen die erwähnten Vorschriften eine Ausnahme für den Fall, daß die Veräußerung an einen anderen erfolgt als die Auflassung und man ist vielleicht versucht anzunehmen, daß dieser Fall hier vorliegt. Allein diese Annahme wäre unzutreffend, denn infolge des Eintritts des Vorkaufsberechtigten ist die Veräußerung, die die versteuerte Urkunde enthält, die zwischen ihm und dem Verkäufer erfolgte Veräußerung. Die Auflassungserklärung könne im vorliegenden Falle vor dem Grundbuchamte abgegeben werden; werde sie vor dem Notar abgegeben, dann müsse allerdings für sie eine Notariatsgebühr entrichtet werden, die Notariatsgebühr falle also dann doppelt an, allein das hätten sich die Beteiligten selbst zuzuschreiben, wenn sie den Notar statt des kostenlosen Grundbuchamts angingen. Die Eintragung des Vorkaufsberechtigten in das Grundbuch als Eigentümer koste nur die Eintragungsgebühr des Art. 116 GebG. (1 oder 2 Mk.); der Art. 118 des GebG. finde keine Anwendung, eben weil der obligatorische Vertrag zwischen Verkäufer und Käufer auch als obligatorischer Vertrag zwischen Verkäufer und Vorkaufsberechtigtem erscheine, dieser Vertrag aber mit der Gebühr des Art. 146 belegt sei. Sei der Güterhändler schon als Eigentümer in das Grundbuch eingetragen gewesen, so werde die für diese Eintragung entrichtete Gebühr nicht auf die Eintragung des Vorkaufsberechtigten angerechnet, die Eintragungsgebühr sei also doppelt zu zahlen; sie spiele indessen wegen ihrer Geringfügigkeit keine Rolle.

Die Tragung der wirklich entstehenden Kosten des Vertrags zwischen dem Verkäufer und dem Käufer verteile sich auf die Parteien lediglich nach Maßgabe dieses Vertrags, selbstverständlich unter Berücksichtigung des Umstandes, daß in den Vertrag der Vorkaufsberechtigte eintrete. Wenn also z. B. der Bauer und der Güterhändler vereinbarten, daß jeder die Hälfte der Kosten zu tragen habe, so zahlt der Bauer die Hälfte und nur diese, möge das Vorkaufsrecht ausgeübt werden oder nicht; werde es ausgeübt, so werde der Güterhändler von der Kostentragung frei, seine Pflicht geht auf den Vorkaufsberechtigten über; habe er schon Kosten bezahlt, so sei ihm der Vorkaufsberechtigte zum Ersatze verpflichtet".

VII. Die Frage ob und in welchem Umfange der Güterhändler Anspruch auf Ersatz von Aufwendungen hat, die er von der Inbesitznahme der Grundstücke an bis zum Eigentumsübergang an den Vorkäufer für die Grundstücke gemacht hat, und ob der Vorkäufer Anspruch auf Herausgabe der Nutzungen hat, die der Güterhändler während dieses Zeitraums aus den Grundstücken gezogen hat, ist weder im GG. noch im BGB. geregelt. Nach der herrschenden Meinung haben die Grundsätze Anwendung zu finden, die für das Verhältnis zwischen Besitzer und Eigentümer gelten (§ 292 mit 985 ff. BGB.) mit der Maßgabe, daß an Stelle des Zeitpunkts der Rechtshängigkeit des Eigentumsanspruchs die Ausübung des Vorkaufsrechts — also der Zeitpunkt des Einlaufs der Vorkaufserklärung beim Grundbuchamte — tritt. Nach dieser Auslegung ist demnach der Güterhändler berechtigt, für die von diesem Zeitpunkte ab gemachten notwendigen Aufwendungen auf die Grundstücke vom Vorkäufer Ersatz zu verlangen (vgl. das Nähere und bezügl. der Zeit vor Ausübung des Vorkaufsrechts § 994 ff. BGB.) Dagegen ist er verpflichtet, die von diesem Zeitpunkt an gezogenen Nutzungen aus den Grundstücken herauszugeben (§ 897 BGB.). Ferner ist er von diesem Zeitpunkt ab dem Vorkäufer für den Schaden verantwortlich, der dadurch entsteht, daß infolge seines Verschuldens die Grundstücke verschlechtert werden, untergehen oder aus einem anderen Grunde von ihm nicht herausgegeben werden können (§ 989 BGB.). Diese Grundsätze gelten gleichmäßig für das mit den Grundstücken verkaufte Inventar.

VIII. Vereinbarungen des Güterhändlers mit dem Verkäufer, wonach letzterer im Falle der Ausübung des Vorkaufsrechts dem Güterhändler die für den Vertragsabschluß aufgewendeten Kosten ersetzen muß, sind an sich zulässig, da sie durch das GG. nicht verboten sind und daher die nach dem BGB. bestehende Vertragsfreiheit Platz greift. Da es sich bei solchen Vereinbarungen aber um die Festsetzung einer Leistung des Verkäufers handelt, welche nicht Gegenstand des Kaufvertrags ist, wird der Vorkaufsberechtigte bei Eintritt in den Kaufvertrag durch sie nicht betroffen. Übersteigt die vereinbarte Entschädigungssumme die wirklichen Aufwendungen des Güterhändlers in einem Maße, daß sie sich als verdeckte Vertragsstrafe oder als Verstoß gegen die guten Sitten darstellt, so wird die Gültigkeit der Vereinbarung vom Verkäufer mit Erfolg angefochten werden können.

Eine Vereinbarung, wonach der Veräußerer dem Schmuser oder Agenten des Güterhändlers die vertragsmäßige Vermittlungsgebühr unmittelbar zu bezahlen hat — wogegen dann der Kaufpreis um den entsprechenden Betrag erhöht wird — ist rechtlich zulässig und wirkt auch gegenüber dem Vorkaufsberechtigten insoferne, als er den um die Vermittlungsgebühr erhöhten Kaufpreis bezahlen muß. Auch hier wird aber die Gültigkeit der Vereinbarung mit Erfolg angefochten werden können, wenn die Gebühr in keinem Verhältnis zur Leistung steht, sondern anzunehmen ist, daß die Vereinbarung nur zur Erschwerung der Ausübung des Vorkaufsrechts getroffen worden ist.

(Vgl. a. Goldschmit in Zschr. f. Rechtspfl. 1910 S. 423 ff.)

Ebenso sind Vereinbarungen zu beurteilen, wonach der Käufer auch die Bezahlung der Vermittlungsgebühr des vermittelnden Agenten übernimmt.

IX. Ein von manchen Güterhändlern gemachter Versuch, die Ausübung des Vorkaufsrechts dadurch unmöglich zu machen, daß die Wirksamkeit des Kaufvertrags von der Zustimmung eines Dritten abhängig gemacht wird, der im Fall der Ausübung des Vorkaufsrechts nach dem Wunsch des Güterhändlers seine Zustimmung nicht gibt, ist ohne Wirkung. Denn eine solche Vertragsbestimmung verstößt gegen § 506 BGB. und Art. 6 GG., da sie einen versteckten Vorbehalt des Rücktritts vom Vertrage darstellt, und ist daher dem Vorkaufsberechtigten gegenüber unwirksam.

Rücktrittsrecht.

Art. 5.

I Wer sich verpflichtet,[1] das Eigentum an geschlossen bewirtschafteten landwirtschaftlichen Grundstücken[2] an einen Güterhändler[3] zu übertragen, ist berechtigt, innerhalb einer Woche nach dem Abschlusse des Vertrags[4] von diesem zurückzutreten.[5]

II Wenn geschlossen bewirtschaftete landwirtschaftliche Grundstücke durch den Eigentümer auf Rechnung eines Güterhändlers oder durch einen Güterhändler stückweise veräußert (zertrümmert) werden,[6] ist jeder, der sich verpflichtet, eines der Grundstücke zu erwerben,[7] berechtigt, innerhalb fünf Tagen nach dem Abschlusse des Vertrags[8] von diesem zurückzutreten.

III Der Rücktritt erfolgt durch Erklärung[9] gegenüber dem Notariate, durch das der Vertrag beurkundet worden ist.[10] Das Notariat hat die Erklärung dem Güterhändler unverzüglich mitzuteilen.[11]

IV Auf das Rücktrittsrecht finden die für das vertragsmäßige Rücktrittsrecht geltenden Vorschriften der §§ 346—348, 350—354, 356 des Bürgerlichen Gesetzbuchs entsprechende Anwendung.[12] [13]

V Ein Verzicht auf das Rücktrittsrecht ist nichtig, auch wenn er erst nach dem Abschlusse des Vertrags erfolgt.[14] Gleiches gilt von Vereinbarungen, durch welche die Ausübung des Rücktritts für den Rücktrittsberechtigten abweichend von Abs. IV erschwert oder eine Strafe für den Fall versprochen wird, daß das Rücktrittsrecht ausgeübt wird.[15]

VI Die Vorschriften der Abs. I—V finden auch Anwendung, wenn der Güterhändler nicht für sich, sondern als Vertreter eines anderen handelt.[16]

VollzBek. § 25. I Der Rücktritt erfolgt dadurch, daß der Zurücktretende gegenüber dem Notariate, durch das der Vertrag beurkundet worden ist, erklärt, daß er von dem Vertrage zurücktritt. Die Erklärung ist an eine besondere Form nicht gebunden; sie kann schriftlich oder mündlich erfolgen; erfolgt sie mündlich, so ist sie von dem Notare zu Protokoll zu nehmen.

II Das Notariat hat beglaubigte Abschrift der Erklärung dem Güterhändler unverzüglich mitzuteilen; die Mitteilung erfolgt durch eingeschriebenen Brief gegen Rückschein. Die Erklärung selbst und der Nachweis der Mitteilung sind zu der Urschrift der Vertragsurkunde zu legen.

III Die Erklärung des Rücktritts und die Mitteilung an den Güterhändler sind von Staats- und Notariatsgebühren frei Für die Übersendung der Abschrift kann der Notar von dem Rücktretenden Schreibgebühren und Ersatz der Postgebühren verlangen. Die Schreibgebühren bemessen sich nach § 80 des Reichsgerichtskostengesetzes.

§ 26. Erfolgt der Rücktritt, so gelangt der Vertrag nicht zur Ausführung oder das Geschäft wird rückgängig gemacht, wenn das Eigentum auf Grund des Vertrags schon übertragen ist. Da der Rücktritt auf Grund der Ermächtigung des Güterzertrümmerungsgesetzes erfolgt, so kann die Nichtausführung des Vertrags oder die Rückgängigmachung des Geschäfts regelmäßig keinem Beteiligten zum Verschulden angerechnet werden. Auf Antrag des Beteiligten sind daher die Staatsgebühr, die Besitzveränderungsabgabe, sowie die Reichsabgabe (Art. 179 des Gebührengesetzes, § 127 m der Ausführungsvorschriften des Bundesrats zum Reichsstempelgesetze) aus Billigkeitsgründen zu erstatten, wenn nicht ein absichtliches Verschulden eines Beteiligten nachgewiesen ist.

§ 2. I Wenn der Güterhändler eine Zertrümmerung durchzuführen beabsichtigt, so hat er noch vor der Einleitung des Geschäfts der Distriktsverwaltungsbehörde Anzeige zu erstatten.

II Die Anzeige ist ohne Rücksicht auf den Flächeninhalt der Grundstücke und ohne Rücksicht darauf erforderlich, ob der Güterhändler die Grundstücke durch Kauf, Tausch oder ein anderes Rechtsgeschäft erworben hat.

III Der Güterhändler hat die Anzeige auch dann zu erstatten, wenn die Grundstücke zwar im Namen des bisherigen Eigentümers aber auf Rechnung des Güterhändlers oder von dem Güterhändler und einem Dritten gemeinschaftlich veräußert werden.

§ 4. I Die im § 2 vorgeschriebene Anzeige hat zu enthalten:

1. den Namen, Beruf und Wohnort des Eigentümers, von dem die Grundstücke erworben worden sind oder, wenn die Grundstücke im Namen des bisherigen Eigentümers aber auf Rechnung des Güterhändlers veräußert werden, den Namen, Beruf und Wohnort des Eigentümers,
2. die Steuergemeinden, in denen die Grundstücke liegen,
3. die Gesamtfläche der Grundstücke,
4. den Preis, um den der Güterhändler die Grundstücke erworben hat; werden die Grundstücke im Namen des bisherigen Eigentümers, aber auf Rechnung des Güterhändlers veräußert, so ist anzugeben, wie viel von dem bei der Weiterveräußerung der Grundstücke zu erzielenden Preise, sei es in einer im voraus bestimmten, sei es in einer nach der Höhe des Verkaufspreises sich richtenden Summe vereinbarungsgemäß an den Händler zu entrichten ist,
5. die Angabe, daß der Güterhändler beabsichtigt, die Grundstücke stückweise zu veräußern.

II Ist für die Grundstücke schon die im § 1 bezeichnete Anzeige erstattet worden, so genügt die Mitteilung, daß die in der ersten Anzeige aufgeführten Grundstücke nun stückweise veräußert werden sollen.

§ 5. Die im § 1 und die im § 2 vorgeschriebene Anzeige können miteinander verbunden werden; hierbei muß jedoch die im § 1 vorgeschriebene Anzeigefrist gewahrt werden.

§ 6. Die im § 1 und die im § 2 bezeichneten Anzeigen sind an die Distriktsverwaltungsbehörde zu erstatten, in deren Bezirke die Grundstücke liegen. Liegen die Grundstücke in den Bezirken mehrerer Distriktsverwaltungsbehörden, so sind die Anzeigen an die Distriktsverwaltungsbehörde zu erstatten, in deren Bezirke der Betriebssitz oder, wenn ein solcher nicht vorhanden ist, die größere Fläche der Grundstücke liegt.

§ 9. Der Güterhändler hat vor der Durchführung einer Zertrümmerung dem Rentamte Anzeige zu erstatten, in dessen Bezirke der Gutskomplex liegt (Art. 19 des Gesetzes vom 2. Februar 1898 über die Fortsetzung der Grundentlastung). Die Vollzugsbekanntmachung vom 5. Februar 1898 (FinMinBl. S. 31 ABl. d. StM. d. Innern S. 67) zu diesem Gesetz bleibt unberührt.

1. Die Verpflichtung kann rechtswirksam nur durch notariellen Vertrag erfolgen. § 313 BGB. Art. 167 Nr. I des bayer. AG. z. BGB. und Art. 1 des bayer. NotGes.

Verträge über die Veräußerung eines Grundstücks, die der notariellen Beurkundung entbehren, sind nicht rechtsverbindlich und es kann deshalb jeder der Vertragsteile auch ohne besondere gesetzliche Ermächtigung davon zurücktreten. Die Verpflichtung, das Eigentum an Grundstücken zu übertragen, — obligatorischer Immobiliarvertrag — kann nicht nur in einem Kaufvertrag, sondern auch durch Tausch, Schenkung, Einräumung des Miteigentums, Einbringung in eine Gesellschaft ꝛc. übernommen werden. Das Rücktrittsrecht ist also nicht auf die Fälle beschränkt, in denen das Vorkaufsrecht Platz greift.

2. siehe Art. 10 und 11.

3. siehe Anm. 4 und 5 zu Art. 1.

4. über Fristberechnung siehe Anm. 1 zu Art. 3.

5. Zum Rücktritte vom Vertrag ist berechtigt, wer einen Kaufvertrag mit einem Güterhändler abgeschlossen hat. Dieses Rücktrittsrecht wird nicht dadurch aufgehoben, daß ein Vorkaufsberechtigter bereits vor Ablauf der Frist zur

Ausübung des Rücktrittsrechts in den Vertrag eingetreten ist, denn mit der Ausübung des Vorkaufsrechts kommt der Kauf zwischen dem Verkäufer und dem Vorkaufsberechtigten unter den gleichen Bestimmungen zustande, welche zwischen Verkäufer und Güterhändler vereinbart sind. Da aber der Güterhändler den Kaufvertrag nur unter der gesetzlichen Bestimmung des Rücktrittsrechts des Verkäufers abschließen konnte, ist das Rücktrittsrecht auch gegenüber dem Vorkaufsberechtigten wirksam.

6. Das Rücktrittsrecht des Parzellenkäufers, das erst durch die Kammer der Abgeordneten dem Gesetzentwurf eingefügt wurde, tritt dann ein, wenn ein Güterhändler geschlossen bewirtschaftete landwirtschaftliche Grundstücke stückweise veräußert oder wenn der Eigentümer der Grundstücke die Zertrümmerung auf Rechnung eines Güterhändlers vornimmt. Eine Zertrümmerung gilt schon dann als auf Rechnung eines Güterhändlers vorgenommen, wenn der Güterhändler vertragsmäßig von dem Erlös eine im voraus bestimmte oder nach der Höhe des Verkaufspreises sich richtende Summe erhält, die über die übliche Vermittlungsgebühr hinausgeht.

Die von Dr. Goldschmit (BayZfR. 1910 S. 446/47) vertretene Anschauung, daß nur das Eigen- oder Propre-Geschäft als auf Rechnung des Güterhändlers abgeschlossen zu gelten habe, findet im Gesetze keine Stütze. Vielmehr beweist die Bestimmung in § 4 Ziff. 4 der VollzBek., daß eine Veräußerung „auf Rechnung des Güterhändlers" auch dann anzunehmen ist, wenn dieser an dem finanziellen Ergebnisse des Geschäfts in einem den regelmäßigen Gewinn des Vermittlers (Agenten) übersteigenden Maße beteiligt ist. Auch der Verwaltungsgerichtshof hat sich in mehreren Entscheidungen dahin ausgesprochen, daß der Begriff der stillen Teilhaberschaft nicht im Sinne des Handelsgesetzbuchs, sondern im Sinne einer versteckten Beteiligung an einer Güterzertrümmerung in eigenem Interesse zu verstehen und, daß eine Zertrümmerung auf Rechnung eines Güterhändlers auch dann anzunehmen sei, wenn er an der Zertrümmerung wirtschaftlich derartig beteiligt ist, daß ihm der erhoffte handelsmäßige Geschäftsgewinn aus der Zertrümmerung ganz oder teilweise zugute kommen soll. Vgl. Slg. Bd. 23 S. 195 ff., Bd. 24 S. 167, 190 ff., insbes. 196; BlfRA. Bd. 68 S. 265 (RGE. vom 6. November 1902).

„Stückweise veräußert" (zertrümmert) wird ein Anwesen, wenn bei der Veräußerung der Bestand des Anwesens als wirtschaftliches Ganze aufgehoben wird, wenn also auch nur eines der dazu gehörigen Grundstücke wegveräußert wird.

(Slg. Bd. 19 S. 76, Bd. 20 S. 9, Bd. 22 S. 74, Bd. 29 S. 74; RGE. in StS. Bd. 39 S. 330).

Eine stückweise Veräußerung eines Anwesens liegt auch dann vor, wenn der Güterhändler ein größeres Anwesen schon vor der Veräußerung in mehrere kleine Anwesen zerlegt hat — durch Errichtung von eigenen Wirtschaftsgebäuden für jedes Anwesen — und dann diese neugebildeten Anwesen einzeln verkauft (vgl. ungedr. VGHE. vom 13. Dezember 1909 i. S. Verpflichtung des Güterhändlers B. G. in B. zur Ablösung von Bodenzinsen).

Dies trifft jedoch dann nicht zu, wenn die neugebildeten kleinen Anwesen schon seit mehr als 3 Jahren vor der Veräußerung getrennt bewirtschaftet worden sind. (Art. 12 Abs. 1 GG. und Anm. 1 hiezu unten S. 80.)

Wird die Zertrümmerung vom Güterhändler im eigenen Namen oder in Vertretung eines anderen vorgenommen, so ist es gleichgültig, wann und zu welchem Zweck die Grundstücke erworben worden sind. Das Rücktrittsrecht besteht also auch, wenn die Grundstücke schon vor Inkrafttreten des GG., d. i. vor dem 27. August 1910, oder nicht zum Zwecke der Zertrümmerung erworben worden sind.

Dagegen kann das Rücktrittsrecht nicht ausgeübt werden, wenn der Güterhändler ein Anwesen zertrümmert, das er als Erbe oder Vermächtnisnehmer oder von einem Verwandten oder Verschwägerten bis zum 3. Grade erworben hat, oder wenn die Zertrümmerung durch den Konkursverwalter erfolgt. (Art. 13).

Eine Ausdehnung dieser Ausnahme auf den Fall, daß der Güterhändler als gesetzlicher Vertreter seiner Kinder ein Anwesen zertrümmert, das von diesen in der durch Art. 13 Ziff. 1 bestimmten Weise erworben worden ist, läßt das Gesetz nicht zu.

Ein Rücktrittsrecht besteht nicht:

a) wenn der Eigentümer eines Anwesens dieses selbst zertrümmert, ohne daß ein Güterhändler beteiligt ist,

b) wenn der Güterhändler ein Anwesen zertrümmert, das nicht die Begriffsmerkmale geschlossen bewirtschafteter landwirtschaftlicher Grundstücke hat (vgl. Art. 10),

c) wenn der Güterhändler das Anwesen nicht stückweise, sondern im ganzen verkauft. Ein stückweiser Verkauf liegt aber auch dann vor, wenn der Güterhändler den nach Abveräußerung einzelner Grundstücke verbliebenen Rest eines Anwesens im ganzen verkauft.

7. Das Rücktrittsrecht steht nicht nur dem Käufer einzelner Parzellen, sondern auch dem Käufer des Restguts zu. Ob sich das Rücktrittsrecht in diesem Falle auch auf den Kauf solcher Grundstücke bezieht, die nicht aus einem vom Güterhändler zertrümmerten Anwesen herrühren, sondern von diesem eingetauscht und mit dem Restgute vereinigt wurden, kann nur nach Lage des Falles entschieden werden. Wenn die Grundstücke Teile eines Anwesens der in Art. 10 bezeichneten Art sind, liegt auch bezüglich dieser eine Zertrümmerung vor. Ist dies nicht der Fall, so wird der Rücktritt dann zulässig sein, wenn die Grundstücke offensichtlich nur als Bestandteil des Restguts, und zwar im gleichen Vertrag mit diesem, gekauft worden sind.

8. Über Fristberechnung siehe Anm. 1 zu Art. 3. Die Erklärung muß vor Ablauf des fünften Tages nach dem Tag, an dem der notarielle Vertrag abgeschlossen worden ist, beim Notariate eingelaufen sein. Ist dieser letzte Tag der Frist ein Sonntag oder ein gesetzlicher Feiertag, so endet die Frist erst mit Ablauf des nächstfolgenden Werktags. Die Wahl einer kürzeren Frist für das Rücktrittsrecht des Parzellenkäufers gegenüber der Frist für das Rücktrittsrecht des Verkäufers beruht auf einem Kompromiß bei den Verhandlungen der Kammer der Abgeordneten. Zur Begründung der kürzeren Frist wurde angeführt, daß der Käufer eines Grundstücks oder des Restguts in kürzerer Zeit über die Zweckmäßigkeit des Rücktritts vom Vertrage sich schlüssig machen könne, als der Verkäufer eines Anwesens, bei dem häufig die Einwirkung von Angehörigen notwendig oder erwünscht sei.

9. Die Erklärung kann im Bedarfsfall auch telegraphisch oder telephonisch erfolgen (vgl. Anm. 6 zu Art. 3). Die Erklärung braucht nur die Mitteilung zu enthalten: „Ich trete von dem Vertrage zurück, den ich am .... mit dem Güterhändler .... über den Verkauf (Kauf) des Anwesens der (Grundstücke) .... in ...... geschlossen habe."

10. Wenn ein Vertrag außerhalb Bayerns abgeschlossen und nicht notariell sondern gerichtlich beurkundet worden ist, wird die Erklärung an das beurkundende Gericht abzugeben sein. Zweckmäßig ist in diesem Falle die gleichzeitige Verständigung des Güterhändlers, da die außerbayerische Behörde zur Mitteilung der Erklärung an den Güterhändler nicht verpflichtet ist.

11. Die Mitteilung braucht nicht innerhalb der Frist der Abs. I und II zu erfolgen; ihre Unterlassung hat für den Rücktretenden keine Rechtsfolgen.

12. Die angeführten Bestimmungen des BGB. lauten:

§ 346. Hat sich in einem Vertrag ein Teil den Rücktritt vorbehalten, so sind die Parteien, wenn der Rücktritt erfolgt, verpflichtet, einander die empfangenen Leistungen zurückzugewähren. Für geleistete Dienste sowie für die Überlassung der Benutzung einer Sache ist der Wert zu vergüten, oder, falls in dem Vertrag eine Gegenleistung in Geld bestimmt ist, diese zu entrichten.

§ 347. Der Anspruch auf Schadensersatz wegen Verschlechterung, Untergangs oder einer aus einem anderen Grunde eintretenden Unmöglichkeit der Herausgabe bestimmt sich im Falle des Rücktritts von dem Empfange der Leistung an nach den Vorschriften, welche für das Verhältnis zwischen dem Eigentümer und dem Besitzer von dem Eintritte der Rechtshängigkeit des Eigentumsanspruchs an gelten. Das Gleiche gilt von dem Anspruch auf Herausgabe oder Vergütung von Nutzungen und von dem Anspruch auf Ersatz von Verwendungen. Eine Geldsumme ist von der Zeit des Empfanges an zu verzinsen.

§ 348. Die sich aus dem Rücktritt ergebenden Verpflichtungen der Parteien sind Zug um Zug zu erfüllen. Die Vorschriften der §§ 320, 322 finden entsprechende Anwendung.

§ 350. Der Rücktritt wird nicht dadurch ausgeschlossen, daß der Gegenstand, welchen der Berechtigte empfangen hat, durch Zufall untergegangen ist.

§ 351. Der Rücktritt ist ausgeschlossen, wenn der Berechtigte eine wesentliche Verschlechterung, den Untergang oder die anderweitige Unmöglichkeit der Herausgabe des empfangenen Gegenstandes verschuldet hat. Der Untergang eines erheblichen Teiles steht einer wesentlichen Verschlechterung eines Gegenstandes, das von dem Berechtigten nach § 278 zu vertretende Verschulden eines anderen steht dem eigenen Verschulden eines Berechtigten gleich.

§ 352. Der Rücktritt ist ausgeschlossen, wenn der Berechtigte die empfangene Sache durch Verarbeitung oder Umbildung in eine Sache anderer Art umgestaltet hat.

§ 353. Hat der Berechtigte den empfangenen Gegenstand oder einen erheblichen Teil des Gegenstandes veräußert oder mit dem Rechte eines Dritten belastet, so ist der Rücktritt ausgeschlossen, wenn bei demjenigen, welcher den Gegenstand infolge der Verfügung erlangt hat, die Voraussetzungen des § 351 oder des § 352 eingetreten sind.

Einer Verfügung des Berechtigten steht eine Verfügung gleich, die im Wege der Zwangsvollstreckung oder der Arrestvollziehung oder durch den Konkursverwalter erfolgt.

§ 354. Kommt der Berechtigte mit der Rückgewähr des empfangenen Gegenstandes oder eines erheblichen Teiles des Gegenstandes in Verzug, so kann ihm der andere Teil eine angemessene Frist mit der Erklärung bestimmen, daß er die Annahme nach dem Ablaufe der Frist ablehne. Der Rücktritt wird unwirksam, wenn nicht die Rückgewähr vor dem Ablauf der Frist erfolgt.

§ 356. Sind bei einem Vertrag auf der einen oder der anderen Seite Mehrere beteiligt, so kann das Rücktrittsrecht nur von allen und gegen alle ausgeübt werden. Erlischt das Rücktrittsrecht für einen der Berechtigten, so erlischt es auch für die übrigen.

13. Bezüglich der Tragung der Kosten im Falle des Rücktritts ist vom Regierungsvertreter im Ausschuß der Reichsratskammer folgende Erklärung abgegeben worden:

„Nach dem Bürgerlichen Gesetzbuch habe, wenn von einem vertragsmäßigen Rücktrittsrechte Gebrauch gemacht werde, jeder Teil die Kosten, die er für das Zustandekommen des Vertrags aufgewendet habe, selbst zu tragen.

Der Entwurf sehe für das von ihm eingeführte Rücktrittsrecht keine Abweichung vor. Nach dem § 449 des BGB. habe der Käufer eines Grundstücks die Kosten der Auflassung zu tragen. Wenn der Güterhändler und der Bauer keine Abweichung hievon vereinbarten, habe mithin, sofern der Bauer zurücktrete, bei dem Gutsverkaufe (Art. 5 Abs. I) der Güterhändler und bei dem Parzellenkaufe (Art. 5 Abs. II) der Bauer die Kosten zu tragen.

Die Vertragskosten beständen aus der Notariatsgebühr, der Staatsgebühr, der gemeindlichen Besitzveränderungsabgabe, der Reichsabgabe und möglicherweise auch aus der Gebühr für die Eintragung des Erwerbs in das Grundbuch. Werde von dem Rücktrittsrechte Gebrauch gemacht, so komme der Vertrag nicht zur Ausführung bzw. das Geschäft werde wieder aufgehoben; nach dem Art. 179 des Gebührengesetzes in der Fassung des Gesetzes vom 29. April 1910 und dem § 127 Abs. 2 der Ausführungsvorschriften des Bundesrats zum Reichsstempelgesetz könnten hienach die Staatsgebühren und die Reichsstempelabgabe erlassen werden. Es sei schon im Ausschuß der Kammer der Abgeordneten erklärt worden, daß die Erstattung auf Antrag (von ganz besonders gelagerten Fällen abgesehen) immer werde verfügt werden.

Hienach verblieben als Vertragskosten nur die Notariatsgebühren und möglicherweise die geringfügige Eintragungsgebühr. Daß diese derjenige Teil zu tragen habe, der nach dem Veräußerungsvertrage die Kosten zu tragen habe, sei nicht unbillig. Denn mit der Möglichkeit des Rücktritts müßten die Parteien rechnen. Die Parteien seien übrigens in der Lage, über die Tragung der Kosten Bestimmungen zu treffen. Insbesondere könne der Güterhändler vereinbaren, daß er die Vertragskosten nicht zu tragen habe, wenn der Bauer zurücktrete. Hierin liege zwar eine Erschwerung des Rücktrittsrechts des Bauern, allein sie sei durch den Art. 5 Abs. V Satz 2 nicht verboten, weil hier nur eine von den Vorschriften der §§ 346 ff. des BGB. abweichende Erschwerung für unzulässig erklärt sei.

14. Der Verzicht auf das Rücktrittsrecht ist also nicht nur dann nichtig, wenn er in dem Kaufvertrag selbst ausgesprochen ist, sondern auch, wenn er in einem besonderen Vertrag vor oder nach Abschluß des Kaufvertrags erklärt wird. Als Verzicht ist jede vor Ablauf der Frist abgegebene Erklärung anzusehen, daß von dem Rechte kein Gebrauch gemacht wird.

15. Die Vorschrift erklärt insbesondere jede Vereinbarung eines Reugeldes oder einer Konventionalstrafe für Ausübung des Rücktrittsrechts für nichtig. Auch eine Vereinbarung, wonach dem Güterhändler im Falle des Rücktritts die ihm erwachsenen Aufwendungen für Reisen, Schmuserlöhne 2c. zu ersetzen sind, ist nichtig. Denn die für das Zustandekommen des Vertrags aufgewendeten Kosten hat im Falle des Rücktritts nach dem BGB. jeder Teil selbst zu tragen.

16. Siehe Anm. 14 zu Art. 1. Die Vorschriften der Abs. I—V finden auch dann Anwendung, wenn die Grundstücke von dem Güterhändler nicht im ganzen sondern einzeln, oder wenn sie von einem Dritten, jedoch für Rechnung eines Güterhändlers, oder wenn sie von einem Güterhändler und einem Dritten gemeinschaftlich erworben sind. (Art. 12).

Art. 6.

Die Vereinbarung, durch die ein Güterhändler in einem Vertrage der im Art. 1 oder im Art. 5 bezeichneten Art sich den Rücktritt vorbehält, ist nichtig.[1] Dies gilt auch, wenn der Güterhändler nicht für sich, sondern als Vertreter eines anderen handelt.[2]

1. Die Bestimmung ist bei den Verhandlungen in der Kammer der Abgeordneten dem Entwurf eingefügt worden.

Sie soll verhindern, daß der Güterhändler unter Vereinbarung eines höheren Kaufpreises sich selbst das Rücktrittsrecht vorbehält und nach Ablauf der Fristen für das gesetzliche Rücktrittsrecht und das Vorkaufsrecht auf die Ausübung seines Rücktrittsrechts nur gegen entsprechenden Nachlaß am Kaufpreis verzichtet. Die Vereinbarung ist übrigens nicht nur dann nichtig, wenn sie in einem Vertrag nach Art. 1 oder 5 sondern auch, wenn sie durch einen Sondervertrag in Beziehung auf einen solchen Vertrag getroffen ist. Nichtig sind auch Vereinbarungen, wonach die Wirksamkeit des Kaufvertrags von der Zustimmung eines Dritten abhängig gemacht wird, wenn nach Lage des Falls in einer solchen Vereinbarung ein versteckter Rücktrittsvorbehalt des Güterhändlers zu erblicken ist. (Vgl. Anm. 3, IX zu Art. 4.)

2. Auch hier greifen die Vorschriften des Art. 12 Platz. Die Vereinbarung ist demnach insbesondere auch dann nichtig, wenn der Vertrag von einem Dritten jedoch für Rechnung eines Güterhändlers oder von einem Güterhändler und einem Dritten gemeinschaftlich geschlossen worden ist.

Abmarkung.

Art. 7.

I Wenn ein Güterhändler bei der Zertrümmerung geschlossen bewirtschafteter landwirtschaftlicher Grundstücke [1] im eigenen Namen oder als Vertreter eines anderen [2] eines der Grundstücke veräußert, das noch nicht abgemarkt ist, so ist er verpflichtet, [3] das Grundstück vor der Beurkundung des Vertrags abmarken zu lassen. [4] Wenn der Eigentümer der Grundstücke das Grundstück auf Rechnung des Güterhändlers veräußert, so trifft diese Verpflichtung den Eigentümer. [5]

II Die Kosten der Abmarkung einschließlich jener für die Einmessung der Grenzzeichen hat derjenige zu tragen, dem nach Abs. I die Abmarkungspflicht obliegt.[6] Ist dies nicht der Güterhändler, so haftet dieser neben dem Abmarkungspflichtigen als Gesamtschuldner.

III Die Verpflichtung zur Abmarkung tritt nicht ein, soweit das Grundstück an ein Grundstück des Erwerbers angrenzt.[7]

IV Die Distriktsverwaltungsbehörde (Art. 2) kann Ausnahmen von der Vorschrift des Abs. I zulassen.[8], [9]

VollzBek. § 27. I Hat der Abmarkung eine Teilungs- oder Grenzermittlungsmessung vorauszugehen, so ist die Abmarkung beim Messungsamt und zwar gleichzeitig mit der Messung zu beantragen. Ist eine Messung nicht veranlaßt, so kann die Abmarkung dem Messungsamt oder den Feldgeschworenen übertragen werden. (Art. 4 Abs. II und IV des AbmG.) Diese Anträge sind als vordringlich zu behandeln.

II Werden Abmarkungen durch die Feldgeschworenen vorgenommen, so legt die Gemeindebehörde — in ausmärkischen Bezirken der Obmann der Feldgeschworenen — sofort nach Erledigung der Abmarkungsgeschäfte das Protokollbuch der Feldgeschworenen nebst den Abmarkungsanträgen dem Messungsamt vor. Erfordert die Durchführung der Abmarkungen einen längeren Zeitraum, so ist das Protokollbuch nebst den Abmarkungsanträgen am Schlusse eines jeden Kalendervierteljahrs dem Messungsamte vorzulegen. Das Messungsamt merkt die durch die Feldgeschworenen gesetzten Grenzzeichen zur förderlichen Einmessung vor und gibt das Protokollbuch nebst den Abmarkungsanträgen binnen 3 Tagen zurück.

III Die Messungsämter haben für die Vornahme der Abmarkungsgeschäfte sowie für die Einmessung der von den Feldgeschworenen gesetzten Grenzzeichen Messungsgebühren nach Abschnitt II der Bekanntmachung vom 18. Februar 1907 (FMBl. S. 117) aufzurechnen.

IV Die Distriktsverwaltungsbehörden können Ausnahmen (GG. Art. 7 Abs. IV) in der Weise bewilligen, daß sie die Abmarkungspflicht erlassen oder die nachträgliche Vornahme der Abmarkung in angemessener Frist nach der Beurkundung des Vertrags gestatten Das Verfahren bei den Distriktsverwaltungsbehörden ist gebührenfrei. (Art. 23. des AbmG.)

V Die Abmarkungspflicht kann insbesondere dann erlassen werden, wenn die Grenzen der Grundstücke durch Raine, Zäune, Hecken, Bäume oder Wasserläufe zweifellos erkennbar sind oder wenn die Abmarkung die Verschiebung der Grenzen einer größeren Anzahl unbeteiligter Grundstücke notwendig machen würde.

VI Die nachträgliche Abmarkung ist insbesondere zuzulassen, wenn die sofortige Vornahme wegen hoher Schneelage, Frost oder anderer Hindernisse nicht erfolgen kann, oder wenn die Grundstücke angebaut sind und durch die Abmarkung ein erheblicher Schaden entstehen würde.

VII Bei aneinanderliegenden Grundstücken, die in der Hand eines Eigentümers vereinigt sind, kommt es nicht selten vor, daß die Grenzen bei der Bewirtschaftung geändert oder beseitigt werden. Bei solchen Grundstücken darf die Abmarkungspflicht in der Regel nicht erlassen werden. Eine Befreiung von der Abmarkungspflicht ist auch in anderen Fällen, in denen der Abmarkung eine Messung vorauszugehen hat, nicht zulässig.

1. Begriffsbestimmung siehe Art. 10 und 11.

2. Siehe Anm. 14 zu Art. 1. Die Verpflichtung tritt auch dann ein, wenn die Zertrümmerung von einem Dritten für Rechnung eines Güterhändlers oder gemeinschaftlich mit einem Güterhändler vorgenommen wird. Siehe Art. 12 Abs. III.

3. Die Verpflichtung tritt nicht ein

a) wenn die Grundstücke nicht stückweise, sondern im ganzen veräußert werden, weil dann keine Zertrümmerung vorliegt,

b) wenn der Güterhändler die Grundstücke nicht durch ein Rechtsgeschäft unter Lebenden oder von einem Verwandten oder Verschwägerten bis zum dritten Grade oder als Erbe oder Vermächtnisnehmer aus einem Nachlasse erworben hat,

c) wenn die Zertrümmerung durch den Konkursverwalter erfolgt. (Art. 13.)

Dagegen wird die Verpflichtung nicht dadurch ausschlossen, daß der Güterhändler die Grundstücke schon vor Inkrafttreten des GG. oder nicht zum Zwecke der Zertrümmerung erworben hat.

4. Die Vorschriften über die Abmarkung sind in dem Gesetze die Abmarkung der Grundstücke betr. vom 30. Juni 1900 (GVBl. S. 533 ff.) enthalten. Als abgemarkt gilt ein Grundstück, dessen Grenzen durch Grenzzeichen gesichert sind. Eine Verpflichtung zur Abmarkung besteht sonst nur in den in Art. 1 des erwähnten Gesetzes bezeichneten Fällen. Die Vorschrift des Art. 7 stellt also eine Ausnahme vom Abmarkungsgesetz dar. Die Bestimmung, daß die Abmarkung vor der Beurkundung des Vertrags zu erfolgen hat, verfolgt den Zweck, den Mißständen entgegenzutreten, die bei Güterzertrümmerungen vielfach beobachtet worden sind. In der Begründung zum Gesetzentwurf ist hiezu bemerkt:

„Der Verkauf von einzelnen Grundstücken, die als Teile eines Gutskomplexes nicht abgemarkt sind, bietet häufig Gelegenheit zu Übervorteilungen der Käufer, da diese sich über die genaue Größe und Lage des Grundstücks, das sie lediglich nach dem katastermäßigen Beschrieb kaufen, oft vorher nicht im klaren sind.

Zur Vermeidung solcher Übervorteilungen und Streitigkeiten soll den Güterhändlern oder, wenn der Verkauf für Rechnung eines Güterhändlers durch den Eigentümer erfolgt, diesem die Verpflichtung auferlegt werden, die Grundstücke vor der Beurkundung des Vertrags abmarken zu lassen. Ferner sollen abweichend von Art. 25 des Abmarkungsgesetzes die Kosten für die Beteiligung des Messungsamts an dem Abmarkungsgeschäfte nicht auf die Staatskasse übernommen und die sonstigen Kosten der Abmarkung (Kosten der Grenzzeichen, Gebühren der Feldgeschworenen, Arbeitslöhne usw.) nicht von den Angrenzern mitgetragen werden.

Um Härten zu vermeiden, ist jedoch vorgesehen, daß die Distriktsverwaltungsbehörde Ausnahmen von der Vorschrift des Abs. I zulassen kann. Das wird insbesondere dann einzutreten haben, wenn ein zusammenhängender Komplex von Grundstücken im ganzen an einen Dritten veräußert wird. Hier besteht kein Anlaß zu verlangen, daß jedes einzelne Grundstück abgemarkt wird, wenn nur die Grenzen des Komplexes gegenüber fremden Grundstücken sicher festgestellt sind."

5. Vgl. Art. 12 Abs. III.

6. Die Kosten der Abmarkung haben sonst regelmäßig zu gleichen Teilen die Grundeigentümer zu tragen, die an der Feststellung der Grenzzeichen Interesse haben, während die Kosten für die Beteiligung der staatlichen Geometer an dem Abmarkungsgeschäfte die Staatskasse trägt. (Art. 25 I, II des AbmG.)

Als Kosten der Abmarkung kommen in Betracht die Kosten der Grenzzeichen, die Gebühren der Feldgeschworenen und Arbeitslöhne für Einbringen der Grenzzeichen usw.; ferner die Kosten für Einmessung der Grenzzeichen durch die Messungsämter. Diese sämtlichen Kosten hat im Falle des Art. 7 abweichend von Art. 25 des AbmG. derjenige zu tragen, dem die Abmarkungspflicht obliegt.

Nicht zu den Abmarkungskosten gehören die Kosten einer Messung, die im Falle einer Grenzermittlung, der Abtrennung eines Grundstückteils oder der gerichtlichen Feststellung einer bestrittenen Grenzlinie vor der Abmarkung notwendig ist. Die Kosten solcher Messungen fallen nach § 11 der FMBek. vom 18. Februar 1907, die Messungs- und Abmarkungsgebühren betr. (FMBl. S. 117 ff., s. Anhang 1), den Beteiligten zur Last.

7. Die Ausnahme erstreckt sich nur auf die an das Grundeigentum des Erwerbers anstoßende Grenzlinie, die übrigen Grenzen des Grundstücks sind abzumarken.

8. Die hauptsächlichsten Fälle, in denen Ausnahmen zugelassen werden können oder zuzulassen sind, sind in § 27 Abs. IV der VollzBek. erwähnt. Die Vornahme der Abmarkung nach der Beurkundung des Vertrags ist zuzulassen, wenn die sofortige Vornahme durch äußere Umstände nicht möglich ist, so daß die Beurkundung des Vertrags über Gebühr verzögert würde.

Die Abmarkungspflicht kann ganz erlassen werden, wenn die Grenzen der Grundstücke auch ohne gesetzte

Grenzzeichen zweifellos erkennbar sind oder wenn die Abmarkung die Verschiebung der Grenzen einer ganzen Gewanne zur Folge hätte. Dieser Fall tritt häufig bei Feldlagen mit langen schmalen Grundstücken ein, wo durch die Bewirtschaftung die Grundstücke in der Natur eine gebogene, mit dem Kataster nicht übereinstimmende Grenzlinie annehmen. Wird in solchen Lagen ein Grundstück nach dem Kataster vermessen und abgemarkt, so müssen auch die Grenzen der übrigen Grundstücke berichtigt werden, da sonst die Angrenzer benachteiligt wären.

Eine Ausnahme wird auch in dem in der Begründung erwähnten Falle zuzulassen sein, wenn ein zusammenhängender Komplex von Grundstücken an einen Käufer übergeht; hier brauchen nur die an fremde Grundstücke anstoßenden Grenzen abgemarkt zu werden.

9. Ein Beschwerderecht gegen die Entscheidung der Distriktsverwaltungsbehörde ist nicht eingeräumt. Jedoch kann Aufsichtsbeschwerde an die vorgesetzte Regierung ergriffen werden.

Strafvorschriften.

Art. 8.

I Wer die im Art. 2 vorgeschriebene Anzeige vorsätzlich unterläßt oder unrichtig erstattet, wird mit Haft, in leichteren Fällen an Geld bis zu 1000 Mk. gestraft.

II Wer die Anzeige aus Fahrlässigkeit unterläßt oder unrichtig erstattet, wird an Geld bis zu 200 Mk. gestraft.[1 2]

1. Die vorsätzliche Unterlassung oder unrichtige Erstattung der Anzeige ist ein Vergehen. Zuständig ist die Strafkammer (GVG. § 73 Ziff. 1).

Die fahrlässige Handlung (Abs. II) ist eine Übertretung. Zuständig ist das Schöffengericht (GVG. § 27 Ziff. 1).

Über die Frage, inwieweit die Erstattung einer unvollständigen Anzeige strafbar sei, gab der Regierungsvertreter im Ausschuß der Reichsratskammer folgende Erklärung ab:

„Die Anzeige bezwecke, die Vorkaufsberechtigten in die Lage zu setzen, von ihrem Vorkaufsrechte Gebrauch zu machen. Da die Frist zur Ausübung des Vorkaufsrechts nicht vom Empfang der Anzeige an laufe, müsse durch scharfe Strafbestimmungen dafür gesorgt werden, daß die Anzeige erfolge.

Ebenso müsse dafür gesorgt werden, daß die Anzeige nichts Unrichtiges enthalte. Denn sonst könnten die Vorkaufsberechtigten leicht in einen Irrtum über den Inhalt des Vertrags gesetzt werden; es könnte z. B. in ihnen die Meinung hervorgehoben werden, der Vertrag sei ungünstig für den Käufer, so daß sie es nicht wagen dürften, einzutreten.

Anders liege die Sache bei unvollständigen Anzeigen; denn wenn nur der Vorkaufsberechtigte überhaupt wisse, daß der Kaufvertrag geschlossen worden sei, so sei er in der Lage, sich selbst zu erkundigen. Bloße Unvollständigkeit der Anzeige solle daher nicht unter Strafe gestellt werden. Natürlich dürfe die Unvollständigkeit nicht so weit gehen, daß von einer Anzeige nicht mehr gesprochen werden könne oder daß die Anzeige unrichtig sei."

Strafbar wird die unvollständige Erstattung der Anzeige auch dann sein, wenn unvollständige Angaben in der Absicht gemacht werden, den Vorkaufsberechtigten über den Vertragsinhalt zu täuschen, z. B. wenn eine wesentliche Vertragsbestimmung, wie Zahlung des Kaufpreises in Wertpapieren zum Nominalbetrag oder ähnliches nicht mitgeteilt wird. Strafbar ist auch die Nichteinhaltung der Frist, welche für Ausübung des Vorkaufsrechts von großer Bedeutung sein kann.

2. Wer durch schuldhafte Unterlassung oder unrichtige Erstattung der Anzeige dem Berechtigten die Ausübung des Vorkaufsrechts vereitelt, haftet dem Berechtigten auch zivilrechtlich auf Schadensersatz.

(Vgl. Goldschmit-Gardé Anm. 9 zu Art. 1.)

Art. 9.

Wer entgegen der Vorschrift des Art. 7 ein Grundstück veräußert, ohne daß es abgemarkt worden ist, wird an Geld bis zu 150 Mk. gestraft.

1. Die Strafvorschrift greift auch dann Platz, wenn die von der Distriktsverwaltungsbehörde bei Zulassung von Ausnahmen gemäß Art. 7 IV gestellten Bedingungen nicht erfüllt werden, z. B. wenn die ausnahmsweise gestattete nachträgliche Vornahme der Abmarkung nicht innerhalb der gesetzten Frist erfolgt.

Schlußvorschriften.

Art. 10.

I Als geschlossen bewirtschaftete Grundstücke gelten landwirtschaftliche Anwesen oder Grundstücke von mindestens 5 ha Flächeninhalt, die innerhalb der letzten 3 Jahre vor der Veräußerung zusammen bewirtschaftet worden sind.[1]

II Durch Königliche Verordnung kann bestimmt werden, daß die Vorschriften dieses Gesetzes in einzelnen Landesteilen auf Anwesen und Grundstücke von mindestens 3 ha Flächeninhalt Anwendung finden.[2]

1. Im Regierungsentwurf war in den einschlägigen Artikeln nicht von „geschlossen bewirtschafteten Grundstücken", sondern von „landwirtschaftlichen Anwesen oder landwirtschaftlichen Grundstücken von mindestens 5 ha Flächeninhalt, die innerhalb der letzten 3 Jahre vor der Veräußerung zusammen bewirtschaftet worden sind", die Rede. In der Begründung ist hiezu folgendes bemerkt:

„Die Genehmigungspflicht ist beschränkt auf die stückweise Veräußerung landwirtschaftlicher Anwesen von mindestens 5 ha Flächeninhalt oder landwirtschaftlicher Grundstücke, die zusammen mindestens 5 ha groß sind. Kleinere

Anwesen oder Grundkomplexe werden nach den statistischen Erhebungen viel seltener von der Zertrümmerung betroffen; sie machten bei der gewerbsmäßigen Zertrümmerung in den letzten drei Erhebungsperioden nur 16 bzw. 17 Prozent der Gesamtzahl aus.

Die Genehmigung ist nur erforderlich, wenn es sich um ein landwirtschaftliches Anwesen oder um einen Komplex landwirtschaftlicher Grundstücke von mindestens 5 ha Fläche handelt, die innerhalb der vorhergehenden drei Jahre zusammen bewirtschaftet worden sind. Handelt es sich um die stückweise Veräußerung von Grundstücken, die keine wirtschaftliche Einheit bilden, sondern nur zufällig in der Hand eines Eigentümers vereinigt sind, so ist eine Genehmigung nicht erforderlich. Der Zeitraum von drei Jahren ist vorgesehen, um Gesetzumgehungen tunlichst zu verhindern, die dadurch versucht werden könnten, daß ein größeres Anwesen oder ein größerer Grundkomplex kurz vor der Veräußerung abgeteilt und stückweise bewirtschaftet oder verpachtet wird."

Der Ausdruck „geschlossen bewirtschaftete landwirtschaftliche Grundstücke" ist erst in den Beratungen der Kammer der Abgeordneten in den Entwurf eingeführt worden und zwar nur aus stilistischen Rücksichten.

Als geschlossen bewirtschaftete landwirschaftliche Grundstücke haben nach der Begriffsbestimmung zu gelten:

a) landwirtschaftliche Anwesen, die einen Flächeninhalt von mindestens 5 ha haben; der Beisatz: „die innerhalb der letzten drei Jahre vor der Veräußerung zusammen bewirtschaftet worden sind", ist bei landwirtschaftlichen Anwesen in den meisten Fällen eine Tautologie. Denn unter landwirtschaftlichen Anwesen ist nach dem Wortbegriff ein Komplex von Grundstücken zu verstehen, der von einem Mittelpunkt, dem Hofe, aus bewirtschaftet wird, also eine Betriebseinheit bildet. Der Beisatz kann nur die Bedeutung haben, Gesetzesumgehungen zu verhindern, die in der Weise versucht würden, daß ein größeres Anwesen vom Güterhändler selbst schon vor der Zertrümmerung in mehrere kleinere zerteilt und so eine Zeitlang bewirtschaftet wird, um dann jedes dieser Anwesen einzeln zu verkaufen. Auch dieses Vorgehen ist als Güterzertrümmerung anzusehen, wenn die gesonderte Bewirtschaftung der einzelnen Anwesen nicht mindestens 3 Jahre lang gedauert hat. Der Umstand, daß einzelne Grundstücke eines Anwesens verpachtet sind, ändert nichts daran, daß diese Grundstücke Teile des Anwesens sind und als solche nicht nur bei Berechnung der Größe des Anwesens, sondern auch bei einer Abtrümmerung berücksichtigt werden müssen. Es fällt also auch ein Anwesen, bei dem z. B. nur 3 ha Grundstücke vom Besitzer selbst bewirtschaftet werden, 3 weitere ha aber verpachtet sind, unter Art. 10 Abs. I. Denn auch diese letzteren 3 ha bilden eine Betriebseinheit mit dem Anwesen und werden mit dem übrigen Anwesen zusammen bewirtschaftet, die Bewirtschaftung besteht eben in diesem Falle in der Verpachtung.

b) landwirtschaftliche Grundstücke, die zusammen einen Flächeninhalt von mindestens 5 ha haben und innerlich der letzten drei Jahre vor der Veräußerung zusammen bewirtschaftet worden sind. Hier handelt es sich um solche Grundstücke, die nicht ein Anwesen bilden, aber in der Hand eines Besitzers vereinigt doch eine Betriebseinheit darstellen, z. B. ein Wald, ein Wiesenkomplex, eine Weide usw. Nicht unter die Bestimmung fallen Grundstücke, die nur mehr zufällig einem Eigentümer gehören, aber sonst in keinem wirtschaftlichen Zusammenhang stehen.

2. **VollzBek. § 30.** Die Ausdehnung der Vorschriften des Güterzertrümmerungs-Gesetzes auf Anwesen und Grundstücke von mindestens 3 ha Flächeninhalt (GG. Art. 10 Abs. II) ist von den Regierungen, Kammern des Innern, nach Einvernahme des landwirtschaftlichen Kreisausschusses da in Anregung zu bringen, wo die gewerbsmäßigen Güterhändler sich vorwiegend mit der Zertrümmerung geschlossen bewirtschafteter landwirtschaftlicher Grundstücke von weniger als 5 ha Flächeninhalt befassen und wo nach der Besitzverteilung und nach den wirtschaftlichen Verhältnissen die Zertrümmerung solcher Anwesen besonders schädlich wirkt.

Eine Verordnung ist bis jetzt nicht ergangen.

Art. 11.

Zu den landwirtschaftlichen[1] Grundstücken gehören auch die der Privatwaldwirtschaft dienenden.

1. Was unter landwirtschaftlichen Grundstücken zu verstehen ist, wird im Gesetz und in der Begründung nicht näher erläutert. Nach dem allgemeinen Sprachgebrauch, der hiernach maßgebend zu sein hat, sind als landwirschaftliche Grundstücke alle diejenigen zu betrachten, welche landwirtschaftlich bewirtschaftet werden oder dem landwirtschaftlichen Betriebe dienen oder mit ihm in Beziehung stehen. Es fallen also darunter nicht nur die produktiven Flächen, Äcker, Wiesen, Weiden, Hutungen, Waldungen, Weiher ꝛc. ꝛc., sondern auch die nichtproduktiven Flächen, wie Wege, Hofräume, Ödungen, dann die Grundstücke, auf welchen die dem landwirtschaftlichen Betriebe oder landwirtschaftlichen Nebenbetrieben dienenden Gebäulichkeiten stehen. Nicht zu den landwirtschaftlichen Grundstücken zu rechnen sind die städtischen Grundstücke, dann die zu gewerblichen oder industriellen Betrieben benützten Flächen, Parkanlagen, Bauplätze, letztere regelmäßig wohl auch dann, wenn sie zwar schon in sogenanten aufgeschlossenen Baurevieren liegen, aber bis zur Bebauung noch nebenbei zu landwirtschaftlichen Zwecken benützt werden.

Art. 12.

[I] Die Vorschriften dieses Gesetzes finden entsprechende Anwendung:[1]

1. wenn die Grundstücke von dem Güterhändler nicht im ganzen, sondern einzeln oder
2. wenn sie von einem Dritten, jedoch für Rechnung eines Güterhändlers[2] oder
3. wenn sie von einem Güterhändler und einem Dritten gemeinschaftlich[3] erworben worden sind.

II Im Falle des Abs. I Ziff. 2 obliegt die im Art. 2 bezeichnete Anzeige dem Dritten[4]; im Falle des Abs. I Ziff. 3 obliegt sie sowohl dem Dritten als auch dem Güterhändler; die Anzeige des einen befreit den andern.

III Der Art. 7 findet in den Fällen des Abs. I Ziff. 2, 3 Anwendung, auch wenn der Dritte die Zertrümmerung vornimmt.

1. Die Vorschriften des Art. 12 verfolgen den Zweck, Umgehungen des Gesetzes zu verhindern, die dadurch versucht werden könnten, daß der Güterhändler ein Anwesen nicht im ganzen, sondern durch mehrere Verträge stückweise, und zwar in Teilen unter 5 ha Flächeninhalt erwirbt, oder daß er sich beim Erwerb eines Strohmanns bedient. Art. 12 bezieht sich nicht nur auf das Vorkaufsrecht, sondern auch auf das Rücktrittsrecht und die Abmarkungspflicht. Der Ausdruck „erworben worden sind" umfaßt auch den Erwerbsakt selbst, trifft also auch die Fälle der Art. 1 und Art. 5 Abs. 1.

2. Ein Erwerb für Rechnung eines Güterhändlers kann schon dann vorliegen, wenn der Güterhändler vertragsgemäß von dem aus der Zertrümmerung des Anwesens zu erzielenden Gewinn eine im voraus bestimmte oder nach der Höhe des Gewinnes sich richtende Summe erhält. Siehe auch Art. 5 Anm. 6.

3. Was unter „gemeinschaftlichem Erwerb" zu verstehen ist, geht aus der Begründung zum Regierungsentwurf und aus den Gesetzgebungsverhandlungen nicht hervor. Daß damit nicht lediglich der Erwerb zu Miteigentum zwischen dem Güterhändler und einem Dritten gemeint sein kann, ergibt sich schon daraus, daß für diesen Fall eine eigene Vorschrift nicht erforderlich gewesen wäre. Denn die Vorschriften der Art. 1 und 5 treffen nach ihrem Wortlaut auch dann zu, wenn der Güterhändler nicht Alleineigentümer, sondern nur Miteigentümer der Grundstücke ist, bzw. werden soll. Die Vorschrift des Art. 12 Abs. III muß sich also auch auf den Fall beziehen, daß die Grundstücke zum

Teil von einem Güterhändler, zum andern Teil von einem Dritten gemeinschaftlich erworben werden. Da die Vorschrift dazu bestimmt ist, Umgehungen des GG. zu verhindern, muß sie auf jeden Fall angewendet werden, indem ihre Voraussetzung — gemeinschaftlicher Erwerb — dem Wortlaute nach gegeben ist. Dazu ist nicht erforderlich, daß der Erwerb in ein und demselben Vertrag oder auf gemeinsame Rechnung erfolgt; es genügt vielmehr, daß der Güterhändler und der Dritte beim Erwerb gemeinschaftlich auftreten, das heißt, daß die zeitlich zusammenfallenden Erwerbshandlungen auf gegenseitiger Vereinbarung beider beruhen. Die Vorschrift findet nicht Anwendung, wenn ein Güterhändler und ein Dritter unabhängig von einander Grundstücke aus einem Anwesen erwerben, wohl aber dann, wenn beide bewußt zusammen wirken, um den Erwerb der Grundstücke zustande zu bringen.

4. Der Dritte unterliegt demnach auch der Strafvorschrift des Art. 8.

Art. 13.

Die Vorschriften dieses Gesetzes finden keine Anwendung:[1]

1. wenn der Güterhändler das Anwesen oder die Grundstücke nicht durch ein Rechtsgeschäft unter Lebenden[2] oder von einem Verwandten oder Verschwägerten bis zum dritten Grade[3] oder als Erbe oder Vermächtnisnehmer aus einem Nachlaß erworben hat;[4]
2. wenn die Zertrümmerung durch den Konkursverwalter erfolgt.[5]

1. Die durch das Gesetz auferlegten Beschränkungen bei Veräußerungen von Grundstücken durch oder an Güterhändler sollen sich nach dem Willen des Gesetzgebers nicht auf Fälle beziehen, in denen der Erwerb der Grundstücke durch den Güterhändler nicht im Rahmen seines Gewerbebetriebs, sondern aus erbrechtlichen oder Familienrücksichten erfolgt.

2. Nicht durch ein Rechtsgeschäft unter Lebenden erfolgt ein Erwerb, wenn er durch Intestaterbfolge oder durch ein Rechtsgeschäft von Todes wegen — Testament, letztwillige Verfügung oder Erbvertrag — eintritt, ferner, wenn der Erwerb nicht durch Rechtsgeschäft, sondern auf Grund gesetzlicher Vorschrift (z. B. Gesetz über die Flurbereinigung vom 30. Juli 1899 GVBl. S. 507 Art. 40 oder Wassergesetz vom 23. März 1907 GVBl. S. 157 Art. 8, 10, 14, 15, 21, 22 (Anlandung, insula in flumine nata) oder im Wege der Zwangsversteigerung erfolgt.

3. Die Bestimmung ist mit Rücksicht auf die in den meisten Gegenden übliche Art der Anwesensübergabe schon vor Eintritt des Erbfalls getroffen. Begriff und Grad von Verwandtschaft und Schwägerschaft ergibt sich aus § 1589 und 1590 BGB.

§ 1589. Personen, deren eine von der anderen abstammt, sind in gerader Linie verwandt. Personen, die nicht in gerader Linie verwandt sind, aber von derselben dritten Person abstammen, sind in der Seitenlinie verwandt. Der Grad der Verwandtschaft bestimmt sich nach der Zahl der sie vermittelnden Geburten.

Ein uneheliches Kind und dessen Vater gelten nicht als verwandt.

§ 1590. Die Verwandten eines Ehegatten sind mit dem anderen Ehegatten verschwägert. Die Linie und der Grad der Schwägerschaft bestimmen sich nach der Linie und dem Grade der sie vermittelnden Verwandtschaft.

Die Schwägerschaft dauert fort, auch wenn die Ehe, durch die sie begründet wurde, aufgelöst ist.

4. Bei Erwerbung von Grundstücken durch den Güterhändler als Erbe oder Vermächtnisnehmer aus einem Nachlasse wird es sich in der Regel nicht um einen in den Rahmen des Geschäftsbetriebs fallenden Kauf handeln, sondern um ein Rechtsgeschäft zum Zwecke der Nachlaßauseinandersetzung, Aufhebung der Erbengemeinschaft oder zum Vollzug eines Vermächtnisses. Es fehlt also für solche Fälle der gesetzgeberische Grund für Einräumung eines Vorkaufsrechts oder Rücktrittsrechts.

5. Daß das Vorkaufsrecht ausgeschlossen ist, wenn der Verkauf im Wege der Zwangsvollstreckung oder durch den Konkursverwalter erfolgt, ist bereits durch Art. 4 II bestimmt (BGB. § 512). Art. 13 Ziff. 2 bezieht sich also hauptsächlich auf das Rücktrittsrecht und die Abmarkungspflicht. Das Rücktrittsrecht des Art. 5 II greift übrigens auch dann nicht Platz, wenn die stückweise Veräußerung im Wege einer gegen den Güterhändler gerichteten Zwangsvollstreckung erfolgt, denn in diesem Falle ist nicht der Güterhändler der Veräußerer (vgl Begründung zu Art. 1 und 2 des Reg.-Entwurfs).

Art. 14.

I Die Vorschriften dieses Gesetzes gelten für Genossenschaften und ähnliche juristische Personen, welche den Handel mit ländlichen Grundstücken gewerbsmäßig betreiben, nur dann, wenn sie nicht gemeinnützig sind.[1]

II Wenn gemeinnützige Genossenschaften oder juristische Personen ein landwirtschaftliches Anwesen oder landwirtschaftliche Grundstücke weiter veräußern, die sie zum Zwecke der Weiterveräußerung erworben haben, so wird ihnen die Gebühr, die sie nach Art. 146 des Gebührengesetzes für den Erwerb des weiter veräußerten Grundstücks entrichtet haben,[2] auf Antrag zur Hälfte zurückerstattet. Der Antrag muß binnen sechs Monaten nach der Veräußerung bei dem Rentamte gestellt werden.[3]

III Nicht als gemeinnützig[4] gelten Genossenschaften oder juristische Personen,[5] die satzungsgemäß die Einzahlungen der Mitglieder mit mehr als 5 % jährlich verzinsen oder den Mitgliedern im Falle der Auflösung mehr als die Einzahlungen ausantworten.[6]

VollzBek. § 31. I Als gemeinnützige Genossenschaften oder ähnliche juristische Personen, auf welche die Vorschriften des Gesetzes auch dann nicht Anwendung finden, wenn sie den Handel mit ländlichen Grundstücken gewerbsmäßig betreiben (GG. Art. 14), kommen in der Regel nur die landwirtschaftlichen Kreditgenossenschaften — landwirtschaftliche Darlehenskassenvereine und ländliche Genossenschaften Raiffeisen'scher Organisation — sowie die juristischen Personen in Betracht, denen vom K. Staatsministerium des Innern das Vorkaufsrecht verliehen worden ist (GG. Art. 1 Abs. I Ziff. 3). Außerdem können auch Genossenschaften oder juristische Personen in Betracht kommen, die zur Durchführung von Güterzertrümmerungen im Interesse der Gemeinwirtschaft eigens gebildet worden sind.

II Genossenschaften und juristische Personen, die als gemeinnützig anerkannt sein wollen, haben unter Vorlage ihrer Satzung Antrag bei der für den Sitz der Genossenschaft oder juristischen Person zuständigen Distriktsverwaltungsbehörde zu stellen. Die Distriktsverwaltungsbehörde hat sorgfältig zu prüfen, ob die Voraussetzungen der Gemeinnützigkeit gegeben und ob insbesondere die maßgebenden Bestimmungen nicht nur zum Schein oder mit der Absicht späterer Abänderung in die Satzung aufgenommen worden sind und erteilt gegebenenfalls eine Bescheinigung, daß die Genossenschaft oder juristische Person auf Grund der vorgelegten Satzung — vorbehaltlich der gerichtlichen Entscheidung — als gemeinnützig anerkannt und in das Verzeichnis der Vorkaufsberechtigten (§ 17) eingetragen wird.

1. Abs. I hat seine jetzige Fassung bei den Ausschußberatungen der Abgeordnetenkammer erhalten. Im Regierungsentwurf lautete die entsprechende Vorschrift (Art. 19 I):

„Die Vorschriften dieses Gesetzes gelten auch für Genossenschaften und ähnliche juristische Personen, wenn sie den Handel mit ländlichen Grundstücken gewerbsmäßig betreiben. Wenn die Genossenschaften oder juristischen Personen gemeinnützig sind, finden jedoch die Art. 6 bis 11 keine Anwendung und wird die im Art. 12 bezeichnete Abgabe nicht erhoben."

So wie die Vorschrift jetzt lautet, enthält sie einen direkten Widerspruch mit Art. 1 Abs. I Ziff. 2, wonach das Vorkaufsrecht nur gemeinnützigen landw. Darlehenskassenvereinen zusteht. Auf das Vorkaufsrecht solcher Genossenschaften kann sich also Art. 14 Abs. 1 nicht beziehen.

Nach der Absicht des Gesetzgebers, die hier zur Auslegung herangezogen werden muß, da der Wortsinn zu einem inneren Widerspruch führt, geht die Bedeutung des Art. 14 Abs. I dahin, daß Genossenschaften und ähnliche juristische Personen, welche den Handel mit ländlichen Grundstücken gewerbsmäßig betreiben, zwar ebenso wie physische Personen als Güterhändler im Sinne des Gesetzes zu betrachten sind. Wenn aber die Genossenschaften oder juristischen Personen gemeinnützig sind, finden die für Güterhändler geltenden Vorschriften des Gesetzes auf sie keine Anwendung. Es kann also gegen sie weder das Vorkaufsrecht noch das Rücktrittsrecht ausgeübt werden und sie unterliegen nicht der Abmarkungspflicht.

Auf Genossenschaften 2c. 2c., die den Handel mit landwirtschaftlichen Grundstücken nicht gewerbsmäßig ausüben, auf die also die Begriffsmerkmale des gewerbsmäßigen Güterhändlers (vgl. Art. 1 Anm. 4) nicht zutreffen, finden diese Bestimmungen an und für sich keine Anwendung.

Welche Genossenschaften nicht als gemeinnützig gelten, ist in Abs. III bestimmt.

2. Nach Art. 146 des Gebührengesetzes (GVBl. 1910 S. 312 ff.) ist für Verträge, durch welche sich der eine Teil verpflichtet, das Eigentum an einem Grundstück zu übertragen oder ein den Grundstücken gleichstehendes Recht zu bestellen oder zu übertragen, eine verhältnismäßige Gebühr von eins bis zwei vom Hundert zu entrichten. Wer die Gebühr zu bezahlen hat, richtet sich nach dem Vertrag. Hat eine gemeinnützige Genossenschaft oder juristische Person beim Erwerb eines nicht zur eigenen Bewirtschaftung sondern zur Weiterveräußerung bestimmten landwirtschaftlichen Anwesens oder Grundstücks die Gebühr entrichtet, so wird sie ihr nach der Weiterveräußerung auf Antrag zur Hälfte zurückerstattet.

Die Gebühr für die Weiterveräußerung muß voll entrichtet werden.

Das Gesetz spricht hier nicht von geschlossen bewirtschafteten Grundstücken (Art. 10 I). Die Vorschrift findet deshalb auf alle landwirtschaftlichen Anwesen und Grundstücke ohne Rücksicht auf den Flächeninhalt Anwendung.

3. Der Antrag kann erst nach der Weiterveräußerung gestellt werden, muß aber innerhalb 6 Monaten nach Abschluß des notariellen Vertrags, durch den die Weiterveräußerung erfolgt ist, beim Rentamt eingelaufen sein. Zuständig ist das Rentamt, das die Gebühr festgesetzt hat.

4. Das Gesetz stellt nur negative Merkmale der Gemeinnützigkeit fest. Die Vorschrift darf also nicht so ausgelegt werden, daß alle Genossenschaften und juristischen Personen, auf die diese Merkmale nicht zutreffen, als gemeinnützig zu gelten haben; sie besagt nur, daß sie nicht gemeinnützig sind, wenn die Merkmale zutreffen, schließt aber nicht aus, daß Genossenschaften auch aus anderen Gründen nicht als gemeinnützig anerkannt werden können.

Die Frage, ob eine Genossenschaft als gemeinnützig anzuerkennen ist, kann je nach der Veranlassung durch den Zivilrichter oder durch den Strafrichter oder durch die Finanzbehörden entschieden werden; durch den Zivilrichter dann, wenn der Güterhändler oder ein Dritter das Vorkaufsrecht der Genossenschaft bestreitet (Art. 1) oder wenn gegen die Genossenschaft das Vorkaufsrecht oder das Rücktrittsrecht geltend gemacht werden will (Art. 5 I und II); durch den Strafrichter, wenn gegenüber der Genossenschaft die Pflicht zur Erstattung der Anzeige (Art. 2) oder zur Abmarkung (Art. 7) in Anspruch genommen wird; durch die Finanzbehörden, wenn es sich um den Rückersatz von Gebühren handelt (Art. 14 II). Die Feststellung der Gemeinnützigkeit kann also bei Erschöpfung des Rechtswegs nicht nur sehr lange dauern, sondern auch in den verschiedenen Verfahren in verschiedener Richtung erfolgen. Um diesen Mißständen einigermaßen zu begegnen, ist durch die Vollzugsbekanntmachung § 31 Abs. II ein administratives Verfahren vorgesehen, durch das Genossenschaften und juristische Personen vorbehaltlich der gerichtlichen Entscheidung als gemeinnützig anerkannt werden können.

Durch diese administrative Anerkennung der Gemeinnützigkeit erwerben die Genossenschaften keine Rechte. Sie werden aber solange als gemeinnützige Genossenschaften zu behandeln sein, als nicht durch gerichtliche Entscheidung das Gegenteil festgestellt ist, und werden solange als im guten Glauben handelnd zu betrachten sein, wenn sie die Anzeigen nach Art. 2 und den übrigen in Abschnitt I der Vollzugsbekanntmachung angeführten Vorschriften nicht erstatten.

Die Ablehnung des Antrags auf Anerkennung der Gemeinnützigkeit durch die Distriktsverwaltungsbehörde hat zur Folge, daß die Genossenschaft nicht als vorkaufsberechtigt behandelt wird, also insbesondere keine Anzeige nach Art. 2 Abs. III erhält und wenn die Voraussetzungen des gewerbsmäßigen Güterhändlers auf sie zutreffen, so lange zur Erstattung der für diese vorgeschriebenen Anzeigen und zur Führung des Geschäftsbuchs (§ 1 mit 15 der VollzBek.) angehalten wird, bis nicht durch gerichtliches Urteil festgestellt ist, daß sie gemeinnützig ist.

5. Es handelt sich hier nur um solche juristische Personen, die gemäß Art. 1 Abs. I Ziff. 3 GG. als vorkaufsberechtigt erklärt worden sind.

6. Genossenschaften, die nach Inhalt der Satzung eine Verzinsung der Einzahlungen mit mehr als 5 % jährlich zulassen oder im Falle der Auflösung den Mitgliedern mehr als die Einzahlungen ausantworten, können nicht als gemeinnützig anerkannt werden. Aber auch solche Genossenschaften, deren Satzung zwar eine höhere Verzinsung als 5 % ausschließt, die aber trotzdem unter Umgehung dieser Satzungsbestimmung einen höheren Gewinn verteilen, sei es in Form von Zinsen oder Dividenden oder unter welchem Titel sonst, werden nicht als gemeinnützig behandelt werden können. Die Distriktsverwaltungsbehörden haben deshalb bei Prüfung der Anträge nach § 31 II der VollzBek. nicht nur die Satzung der Genossenschaft oder juristischen Person, sondern auch deren Finanzgebarung zu berücksichtigen und, da das Verzeichnis der Vorkaufsberechtigten (§ 17 a. a. O.) ständig evident zu halten ist, dauernd zu überwachen.

Art. 15.

Die Vorschriften des Gesetzes vom 26. Februar 1908 [1] über die Abänderung des Forstgesetzes werden durch dieses Gesetz nicht berührt.

VollzBek. § 7. I Der Güterhändler hat ferner die Erwerbung oder Veräußerung eines Waldgrundstücks binnen 8 Tagen nach dem Abschlusse des Vertrags der Distriktsverwaltungsbehörde anzuzeigen, in deren Bezirke das Waldgrundstück liegt.

II Die Anzeige hat zu enthalten:

1. Die Plannummer, den Flächeninhalt, die Steuergemeinde und den Namen des Waldgrundstücks,
2. den Namen, Beruf und Wohnort des Veräußerers und des Erwerbers des Waldgrundstücks,
3. die Angabe, ob das Grundstück mit dem Holz auf dem Stamme oder ohne dieses veräußert worden ist.

III Die Anzeige ist auch dann zu erstatten, wenn der Güterhändler das Waldgrundstück nicht im eigenen Namen, sondern als Vertreter eines anderen, oder wenn er lediglich den Holzbestand eines Waldgrundstücks erwirbt oder veräußert.

IV Die Vorschriften der Abs. I—III gelten nicht nur für das rechtsrheinische Bayern (Art. 42a, 42c des Gesetzes vom 26. Februar 1908, betreffend die Abänderung des Forstgesetzes), sondern auch für die Pfalz. Für das rechtsrheinische Bayern bewendet es im übrigen bei den Vorschriften der Bekanntmachung vom 4. April 1908, den Vollzug des Gesetzes vom 26. Februar 1908 über die Abänderung des Forstgesetzes betreffend (GVBl. S. 256).

§ 8. Die im § 7 bezeichnete Anzeige ist gesondert neben den im § 1 und im § 2 vorgeschriebenen Anzeigen zu erstatten.

1. Siehe Anhang Nr. 10.

Art. 16.

Für die Prüfung [1] der Bücher des Güterhändlers durch die Distriktsverwaltungsbehörde ist eine Gebühr von 10—100 Mk. zur Staatskasse zu entrichten. Die Gebühr darf in jedem Jahr nur einmal erhoben werden.

VollzBek. § 12.*) I Jeder Güterhändler, der einen Vertrag über Erwerbung oder Veräußerung in Bayern gelegener ländlicher Grundstücke abschließt, hat ein Geschäftsbuch zu führen. Das Geschäftsbuch muß dauerhaft gebunden, am Rücken mit einem starken Faden durchzogen und mit fortlaufenden Seitenzahlen versehen sein.

II Das Geschäftsbuch darf erst in Benützung genommen werden, nachdem die Distriktsverwaltungsbehörde auf die erste Seite einen Vermerk über die Anzahl der Seiten gemacht und die Enden des Fadens durch Siegel verbunden hat.

III Zuständig ist die Distriktsverwaltungsbehörde, in deren Bezirke der Betriebssitz des Güterhändlers ist. Hat der Güterhändler keinen Betriebssitz in Bayern, so ist die Behörde zuständig, in deren Bezirke die Grundstücke liegen, auf die sich das erste von dem Güterhändler über Grundstücke in Bayern abgeschlossene Güterhandelsgeschäft bezieht; liegen die Grundstücke in den Bezirken verschiedener Distriktsverwaltungsbehörden, so ist die Behörde zuständig, in deren Bezirke der Betriebssitz oder, wenn ein solcher nicht vorhanden ist, die größere Fläche der Grundstücke liegt.

IV Die Einträge in das Geschäftsbuch müssen gut leserlich, in deutscher Sprache und mit Tinte geschrieben sein. Ohne Erlaubnis der Distriktsverwaltungsbehörde darf das Geschäftsbuch weder ganz noch teilweise vernichtet werden.

§ 13. I Jedes Geschäft, das über den Erwerb oder die Veräußerung landwirtschaftlicher oder der Privatwaldwirtschaft dienender in Bayern gelegener Grundstücke abgeschlossen wird, muß in das Geschäftsbuch deutlich, vollständig und wahrheitsgetreu eingetragen werden.

---

*) Vgl. hierzu Anm. 4 zu Art. 1.

I Der Eintrag muß nach dem beigefügten Muster (Beil. II, s. Anhang) enthalten:

1. die fortlaufende Nummer für jedes Geschäft,
2. den Tag des Vertragsabschlusses oder des Auftrags, wenn es sich um die Veräußerung von Grundstücken in Vertretung oder für Rechnung eines Dritten handelt,
3. Name, Stand und Wohnort des Eigentümers, von dem Grundstücke erworben oder für den sie veräußert werden,
4. die genaue Bezeichnung der Grundstücke nach Plannummer, Flächeninhalt und Steuergemeinde,
5. den Erwerbspreis für jedes einzelne Grundstück; wenn es sich um eine Veräußerung in Vertretung oder für Rechnung eines Dritten handelt, ist statt des Erwerbspreises anzugeben, wie viel von dem bei der Weiterveräußerung der Grundstücke zu erzielenden Preise, sei es in einer im voraus bestimmten, sei es in einer nach der Höhe des Verkaufspreises sich richtenden Summe vereinbarungsgemäß an den Händler zu entrichten ist; handelt es sich um den Erwerb eines Anwesens im Ganzen, bei dem der Preis für die einzelnen Grundstücke nicht ausgeschieden ist, so ist der Gesamtpreis einschließlich des Preises für das miterworbene Inventar anzugeben; bei Tauschverträgen ist der Erwerbspreis der in Tausch gegebenen Grundstücke anzugeben; ferner sind alle auf die Preisbestimmung einwirkenden Vertragsbestimmungen anzugeben,
6. den Tag der Anzeige über den Vertragsabschluß nach Art. 2 des Güterzertrümmerungsgesetzes und nach Art. 42a des Forstgesetzes,
7. den Tag der Veräußerung,
8. den Namen, Stand und Wohnort des Erwerbers,
9. den Veräußerungspreis für jedes einzelne Grundstück; bei Veräußerung im ganzen und bei Tauschverträgen ist nach Ziff. 5 zu verfahren.

Bei stückweiser Veräußerung eines Anwesens ist auch der für das Inventar erzielte Erlös anzugeben.

§ 14. Die Vorschriften der §§ 12, 13 finden auch Anwendung, wenn die Grundstücke zwar im Namen des bisherigen Eigentümers, aber auf Rechnung des Güterhändlers veräußert werden, ferner wenn der Güterhändler als Vertreter eines anderen handelt oder wenn die Grundstücke von einem Dritten, jedoch für Rechnung des Güterhändlers oder von einem Güterhändler und einem Dritten gemeinsam erworben oder veräußert werden.

§ 15. I Die Geschäftsbücher der Güterhändler werden von der Distriktsverwaltungsbehörde geprüft, in deren Bezirke der Güterhändler seinen Betriebssitz hat. Hat der Güterhändler keinen Betriebssitz in Bayern, so ist die Distriktsverwaltungsbehörde zuständig, welche die erste Bestätigung (§ 12) in das Geschäftsbuch eingetragen hat.

II Die Prüfung ist je nach Bedarf regelmäßig jährlich einmal vorzunehmen. Sie kann unterbleiben, wenn der Güterhändler in dem betreffenden Jahre kein unter Art. 1 oder Art. 5 des Güterzertrümmerungsgesetzes fallendes Geschäft abgeschlossen hat.

§ 16. Der Güterhändler ist verpflichtet, der Distriktsverwaltungsbehörde behufs Prüfung der Geschäftsführung Zutritt in die Geschäftsräume zu gestatten, die Geschäftsbücher vorzulegen und jede auf den Geschäftsbetrieb bezügliche Auskunft wahrheitsgetreu zu erteilen.

§ 28. I Für die Prüfung der Bücher des Güterhändlers durch die Distriktsverwaltungsbehörde ist eine Gebühr von 10 bis 100 Mk. zu entrichten. Die Gebühr darf in jedem Jahre nur einmal erhoben werden; sie fließt in die Staatskasse. (GG. Art. 16.) Die Gebühr wird von der Distriktsverwaltungsbehörde festgesetzt, welche die Bücherprüfung vorgenommen hat. Die Höhe der Gebühr ist nach dem Umfange des der Prüfung unterstellten Güterhandelsbetriebs sowie der demgemäß bei der Bücherprüfung zu entfaltenden Tätigkeit der Distriktsverwaltungsbehörde zu bemessen. Der Mindestsatz der Gebühr wird nur bei kleinen und unbedeutenden Betrieben anzuwenden sein; dagegen ist bei größeren Betrieben nnd erheblicheren Umsätzen von dem gesetzlichen Rahmen ein entsprechender Gebrauch zu machen.

II Bei den Bezirksämtern erfolgt die Sollstellung der festgesetzten Gebühr im Gebührenregister und zwar in der für die Staatsgebühren bestimmten Rubrik; hinsichtlich der Einhebung und Ablieferung dann der Überweisung der bei der Gebührenabrechnung mit dem Rentamte noch bestehenden Rückstände gilt das gleiche, wie für die Staatsgebühren.

III Bei den Magistraten der unmittelbaren Städte werden die zur Festsetzung gelangten Gebühren in ein Verzeichnis nach dem Muster der Beil. IV eingetragen, das am Monatsschlusse abzuschließen und dem Rentamte des Bezirks, in München dem Stadtrentamte III, in Nürnberg dem Rentamte III zur Sollstellung der innenverzeichneten Beträge im rentamtlichen Gebührenregister und Einziehung zu übersenden ist. Die Sollstellung im rentamtlichen Gebührenregister erfolgt in der für die Staatsgebühren in der Verwaltung bestimmten Rubrik. Die vorschriftsgemäße Festsetzung der Gebühren in den Fällen, in denen Gebühren geschuldet sind, sowie die richtige Überweisung an das Rentamt, wird durch die örtliche Revision geprüft.

1. Worauf sich die Prüfung zu erstrecken hat, ist in der Vollzugsbekanntmachung nicht ausdrücklich vorgeschrieben. In erster Linie bildet den Gegenstand der Prüfung die genaue Beobachtung der Vorschriften des Gesetzes und der Vollzugsvorschriften durch den Güterhändler; ferner wird auch die Nachprüfung der statistischen Angaben über Güterzertrümmerung damit zu verbinden sein. Ergibt die Prüfung eine Verletzung der gesetzlichen Vorschriften, so ist veranlaßten Falls die Strafverfolgung einzuleiten.

Art. 17.

Die zum Vollzuge dieses Gesetzes erforderlichen Ausführungsvorschriften werden von den Staatsministerien der Justiz, des Innern und der Finanzen erlassen.[1]

1. Vollzugsbekanntmachung vom 24. August 1910. GVBl. S. 633, siehe Anhang Nr. 1.

III. Anhang.

1. Bekanntmachung, betr. den gewerbsmäßigen Handel mit ländlichen Grundstücken

vom 24. August 1910 Nr. 6045 a 83 (Vollzugs- bekanntmachung) (GVBl. S. 633)

K. Staatsministerien der Justiz, des Innern und der Finanzen.

Auf Grund des Artikel 17 des Gesetzes über die Güterzertrümmerung (GG.) und der §§ 35, 38 der Gewerbeordnung wird folgendes bestimmt:

I. Anzeigen des Güterhändlers.

§ 1. I Wer den Handel mit landwirtschaftlichen oder der Privatwaldwirtschaft dienenden Grundstücken gewerbsmäßig betreibt (Güterhändler), hat der Distriktsverwaltungsbehörde*) den Ankauf geschlossen bewirtschafteter landwirtschaftlicher oder forstwirtschaftlicher Grundstücke binnen 3 Tagen nach dem Abschlusse des Vertrags anzuzeigen. (GG. Art. 2.)

II Als geschlossen bewirtschaftete Grundstücke gelten Anwesen oder Grundstücke von mindestens 5 ha Flächeninhalt, die innerhalb der letzten drei Jahre vor der Veräußerung zusammen bewirtschaftet worden sind. (GG. Art. 10.)

III Die Anzeige ist ohne Rücksicht darauf zu machen, ob die Grundstücke zum Zwecke der Zertrümmerung erworben werden oder nicht. Sie muß ferner auch dann erstattet werden, wenn die Grundstücke von dem Güterhändler nicht im ganzen sondern einzeln erworben worden sind. (GG. Art. 12 Abs. I.)

IV Der Güterhändler hat die Anzeige auch dann zu erstatten, wenn er die Grundstücke nicht für sich sondern

*) In München der Polizeidirektion.

als Vertreter eines andern kauft. (GG. Art. 1 Abs. III.) Werden die Grundstücke von einem Dritten, jedoch für Rechnung eines Güterhändlers gekauft, so hat die Anzeige der Dritte zu erstatten; werden sie von einem Güterhändler und einem Dritten gekauft, so obliegt die Anzeige sowohl dem Dritten als auch dem Güterhändler, die Anzeige des einen befreit den andern. (GG. Art. 12 Abs. II.)

V Die Anzeige ist nicht erforderlich, wenn der Güterhändler das Anwesen oder die Grundstücke von einem Verwandten oder Verschwägerten bis zum dritten Grad oder als Erbe oder Vermächtnisnehmer aus einem Nachlaß erworben hat. (GG. Art. 13.)

§ 2. I Wenn der Güterhändler eine Zertrümmerung durchzuführen beabsichtigt, so hat er noch vor der Einleitung des Geschäfts der Distriktsverwaltungsbehörde Anzeige zu erstatten.

II Die Anzeige ist ohne Rücksicht auf den Flächeninhalt der Grundstücke und ohne Rücksicht darauf erforderlich, ob der Güterhändler die Grundstücke durch Kauf, Tausch oder ein anderes Rechtsgeschäft erworben hat.

III Der Güterhändler hat die Anzeige auch dann zu erstatten, wenn die Grundstücke zwar im Namen des bisherigen Eigentümers aber auf Rechnung des Güterhändlers oder von dem Güterhändler und einem Dritten gemeinschaftlich veräußert werden.

§ 3. Die im § 1 vorgeschriebene Anzeige hat zu enthalten:

1. den Namen, Beruf und Wohnort des Verkäufers,
2. die Plannummern, den Flächeninhalt und die Steuergemeinde der Grundstücke,
3. den Kaufpreis für jedes einzelne Grundstück oder, wenn das Anwesen im Ganzen gekauft und der Preis für die einzelnen Grundstücke nicht ausgeschieden ist, den Gesamtpreis einschließlich des Preises des miterworbenen Inventars,

4. die Zahlungsbedingungen,
5. die Belastung der Grundstücke mit Bodenzinsen; bei mehreren belasteten Grundstücken genügt die Angabe der Gesamtbelastung,
6. den Tag des Vertragsabschlusses und die Behörde (Notariat), vor welcher der Vertrag geschlossen worden ist.

§ 4. I Die im § 2 vorgeschriebene Anzeige hat zu enthalten:
1. den Namen, Beruf und Wohnort des Eigentümers, von dem die Grundstücke erworben worden sind oder, wenn die Grundstücke im Namen des bisherigen Eigentümers aber auf Rechnung des Güterhändlers veräußert werden, den Namen, Beruf und Wohnort des Eigentümers,
2. die Steuergemeinden, in denen die Grundstücke liegen,
3. die Gesamtfläche der Grundstücke,
4. den Preis, um den der Güterhändler die Grundstücke erworben hat; werden die Grundstücke im Namen des bisherigen Eigentümers aber auf Rechnung des Güterhändlers veräußert, so ist anzugeben, wie viel von dem bei der Weiterveräußerung der Grundstücke zu erzielenden Preise, sei es in einer im voraus bestimmten, sei es in einer nach der Höhe des Verkaufspreises sich richtenden Summe vereinbarungsgemäß an den Händler zu entrichten ist.
5. die Angabe, daß der Güterhändler beabsichtigt, die Grundstücke stückweise zu veräußern.

II Ist für die Grundstücke schon die im § 1 bezeichnete Anzeige erstattet worden, so genügt die Mitteilung, daß die in der ersten Anzeige aufgeführten Grundstücke nun stückweise veräußert werden sollen.

§ 5. Die im § 1 und die im § 2 vorgeschriebene Anzeige können miteinander verbunden werden; hierbei muß jedoch die im § 1 vorgeschriebene Anzeigefrist gewahrt werden

§ 6. Die im § 1 und die im § 2 bezeichneten Anzeigen sind an die Distriktsverwaltungsbehörde*) zu erstatten, in deren Bezirke die Grundstücke liegen. Liegen die Grundstücke in den Bezirken mehrerer Distriktsverwaltungsbehörden, so sind die Anzeigen an die Distriktsverwaltungsbehörde zu erstatten, in deren Bezirke der Betriebssitz oder, wenn ein solcher nicht vorhanden ist, die größere Fläche der Grundstücke liegt.

§ 7. I Der Güterhändler hat ferner die Erwerbung oder Veräußerung eines Waldgrundstücks binnen 8 Tagen nach dem Abschlusse des Vertrags der Distriktsverwaltungsbehörde anzuzeigen, in deren Bezirke das Waldgrundstück liegt.

II Die Anzeige hat zu enthalten:

1. Die Plannummer, den Flächeninhalt, die Steuergemeinde und den Namen des Waldgrundstücks,
2. den Namen, Beruf und Wohnort des Veräußerers und des Erwerbers des Waldgrundstücks,
3. die Angabe, ob das Grundstück mit dem Holz auf dem Stamme oder ohne dieses veräußert worden ist.

III Die Anzeige ist auch dann zu erstatten, wenn der Güterhändler das Waldgrundstück nicht im eigenen Namen sondern als Vertreter eines anderen, oder wenn er lediglich den Holzbestand eines Waldgrundstücks erwirbt oder veräußert.

IV Die Vorschriften der Abs. I—III gelten nicht nur für das rechtsrheinische Bayern (Art. 42a, 42c des Gesetzes vom 26. Februar 1908, betreffend die Abänderung des Forstgesetzes),[1] sondern auch für die Pfalz. Für das rechtsrheinische Bayern bewendet es im übrigen bei den Vorschriften der Bekanntmachung vom 4. April 1908, den Vollzug des Gesetzes vom 26. Februar 1908 über die Abänderung des Forstgesetzes betreffend.[2] (GVBl. S. 256).

1. Siehe Anhang Nr. 11.
2. Siehe Anhang Nr. 12.

*) In München die Polizeidirektion.

§ 8. Die im § 7 bezeichnete Anzeige ist gesondert neben den im § 1 und im § 2 vorgeschriebenen Anzeigen zu erstatten.

§ 9. Der Güterhändler hat vor der Durchführung einer Zertrümmerung dem Rentamte Anzeige zu erstatten, in dessen Bezirke der Gutskomplex liegt (Art. 19 des Gesetzes vom 2. Februar 1898 über die Fortsetzung der Grundentlastung).[1] Die Vollzugsbekanntmachung vom 5. Februar 1898 (FinMinBl. S. 31 ABl. d. StM. d. Innern S. 67)[2] zu diesem Gesetz bleibt unberührt.

1. Siehe Anhang Nr. 9.
2. Siehe Anhang Nr. 10.

§ 10. Die im § 1 und im § 7 bestimmten Anzeigefristen beginnen mit dem Abschlusse des Vertrags auch dann, wenn der Vertrag wegen Fehlens einer Genehmigungserklärung oder aus einem sonstigen Grunde nicht grundbuchamtlich vollzogen werden kann.

§ 11. I Das Notariat, welches den Vertrag zwischen dem Güterhändler und dem Eigentümer der Grundstücke beurkundet hat, ist ermächtigt, auf Antrag des Güterhändlers für diesen die im § 1 bezeichnete Anzeige zu erstatten.

II Ist der Vertrag ohne Vorlage eines Bodenzinsbelastungszeugnisses beurkundet worden (Art. 18 Abs. II des Gesetzes vom 2. Februar 1898),[1] so hat der Notar dies in der Anzeige anzugeben und den Güterhändler darauf aufmerksam zu machen, daß er die Bodenzinsbelastung der Distriktsverwaltungsbehörde selbst anzuzeigen hat.

III Zur Anzeige soll das Notariat das Formblatt Beilage I verwenden. Der Anzeige sollen so viele Abschriften beigelegt werden, als Vorkaufsberechtigte (GG. Art. 1) vorhanden sind.

IV Der Notar kann von dem Güterhändler für die Anzeige Schreibgebühren und Ersatz der Postgebühren verlangen. Die Schreibgebühren bemessen sich nach § 80 des Reichsgerichtskostengesetzes.[2]

V Die im § 7 und im § 9 bezeichneten Anzeigen sollen von dem Notariate nicht an Stelle des Güterhändlers erstattet werden. Gleiches gilt von der im § 2 vorgeschriebenen Anzeige, doch kann das Notariat diese Anzeige mit der im § 1 bezeichneten für den Güterhändler verbinden.

1. Art. 18 Abs. II: „Die Notare haben die Verkäufer von Grundstücken zur Vorlage dieses Zeugnisses aufzufordern und das Zeugnis der Urkunde beizuheften oder dessen Inhalt in den Urkunden zu vermerken. Bestehen die Parteien wegen der Dringlichkeit der Sache auf der Beurkundung des Vertrages ohne Vorlage des Zeugnisses, so hat der Notar dieses in der Urkunde zu bemerken."

2. § 80: „Die Schreibgebühren werden für Ausfertigungen und Abschriften erhoben. Die Schreibgebühr beträgt für die Seite, welche mindestens 20 Zeilen von durchschnittlich zwölf Silben enthält, zehn Pfennig, auch wenn die Herstellung auf mechanischem Wege stattgefunden hat. Jede angefangene Seite wird voll berechnet."

II. Geschäftsbuch des Güterhändlers.

§ 12. I Jeder Güterhändler, der einen Vertrag über Erwerbung oder Veräußerung in Bayern gelegener ländlicher Grundstücke abschließt, hat ein Geschäftsbuch zu führen.[1] Das Geschäftsbuch muß dauerhaft gebunden, am Rücken mit einem starken Faden durchzogen und mit fortlaufenden Seitenzahlen versehen sein.

II Das Geschäftsbuch darf erst in Benützung genommen werden, nachdem die Distriktsverwaltungsbehörde auf die erste Seite einen Vermerk über die Anzahl der Seiten gemacht und die Enden des Fadens durch Siegel verbunden hat.

III Zuständig ist die Distriktsverwaltungsbehörde,*) in deren Bezirke der Betriebssitz des Güterhändlers ist. Hat der Güterhändler keinen Betriebssitz in Bayern, so ist die Behörde zuständig, in deren Bezirke die Grundstücke liegen, auf die sich das erste von dem Güterhändler über Grundstücke in Bayern abgeschlossene Güterhandelsgeschäft bezieht; liegen die Grundstücke in den Bezirken verschiedener Distriktsverwaltungsbehörden, so ist die Behörde zuständig, in deren Bezirke der Betriebssitz oder, wenn ein solcher nicht vorhanden ist, die größere Fläche der Grundstücke liegt.

IV Die Einträge in das Geschäftsbuch müssen gut leserlich, in deutscher Sprache und mit Tinte geschrieben sein. Ohne Erlaubnis der Distriktsverwaltungsbehörde darf das Geschäftsbuch weder ganz noch teilweise vernichtet werden.

1. Die Distriktsverwaltungsbehörden haben die Frage, wer zur Führung eines Geschäftsbuchs verpflichtet ist, genau zu prüfen, da sie von Bedeutung für die Entscheidung ist, ob der Betreffende von den Verwaltungsbehörden als Güterhändler zu behandeln ist. Es ist deshalb auf Antrag nach Prüfung des ganzen Geschäftsbetriebs Bescheid darüber zu erteilen, ob die Vorlage des Geschäftsbuchs gefordert wird oder nicht.

Werden Tatsachen bekannt, die einen gewerbsmäßigen Betrieb des Handels mit ländlichen Grundstücken als gegeben erscheinen lassen, so ist die Vorlage des Geschäftsbuchs von amtswegen zu verlangen. Wird der Aufforderung nicht entsprochen, so ist Strafanzeige nach RGewO. § 148 Abs. I Ziff. 4 a zu erstatten.

Distriktsverwaltungsbehörden, die Kenntnis von Güterhandelsgeschäften einer Person erlangen, die ihren Be-

*) In München die Polizeidirektion.

triebssitz außerhalb des Verwaltungsbezirks hat, haben der Distriktsverwaltungsbehörde des Betriebssitzes davon Mitteilung zu machen. (Vgl. im übrigen Anm. 4 zu Art. 1.)

§ 13. I Jedes Geschäft, das über den Erwerb oder die Veräußerung landwirtschaftlicher oder der Privatwaldwirtschaft dienender in Bayern gelegener Grundstücke abgeschlossen wird, muß in das Geschäftsbuch deutlich, vollständig und wahrheitsgetreu eingetragen werden.

II Der Eintrag muß nach dem beigefügten Muster (Beil. II) enthalten:

1. die fortlaufende Nummer für jedes Geschäft,
2. den Tag des Vertragsabschlusses oder des Auftrags, wenn es sich um die Veräußerung von Grundstücken in Vertretung oder für Rechnung eines Dritten handelt,
3. Name, Stand und Wohnort des Eigentümers, von dem Grundstücke erworben oder für den sie veräußert werden,
4. die genaue Bezeichnung der Grundstücke nach Plannummer, Flächeninhalt und Steuergemeinde,
5. den Erwerbspreis für jedes einzelne Grundstück; wenn es sich um eine Veräußerung in Vertretung oder für Rechnung eines Dritten handelt, ist statt des Erwerbspreises anzugeben, wie viel von dem bei der Weiterveräußerung der Grundstücke zu erzielenden Preise, sei es in einer im voraus bestimmten, sei es in einer nach der Höhe des Verkaufspreises sich richtenden Summe vereinbarungsgemäß an den Händler zu entrichten ist; handelt es sich um den Erwerb eines Anwesens im Ganzen, bei dem der Preis für die einzelnen Grundstücke nicht ausgeschieden ist, so ist der Gesamtpreis ein-

schließlich des Preises für das miterworbene Inventar anzugeben; bei Tauschverträgen ist der Erwerbspreis der in Tausch gegebenen Grundstücke anzugeben; ferner sind alle auf die Preisbestimmung einwirkenden Vertragsbestimmungen anzugeben,

6. den Tag der Anzeige über den Vertragsabschluß nach Art. 2 des Güterzertrümmerungsgesetzes und nach Art. 42a des Forstgesetzes,
7. den Tag der Veräußerung,
8. den Namen, Stand und Wohnort des Erwerbers,
9. den Veräußerungspreis für jedes einzelne Grundstück; bei Veräußerung im ganzen und bei Tauschverträgen ist nach Ziff. 5 zu verfahren.

Bei stückweiser Veräußerung eines Anwesens ist auch der für das Inventar erzielte Erlös anzugeben.

§ 14. Die Vorschriften der §§ 12, 13 finden auch Anwendung, wenn die Grundstücke zwar im Namen des bisherigen Eigentümers, aber auf Rechnung des Güterhändlers veräußert werden, ferner wenn der Güterhändler als Vertreter eines andern handelt oder wenn die Grundstücke von einem Dritten jedoch für Rechnung des Güterhändlers oder von einem Güterhändler und einem Dritten gemeinsam erworben oder veräußert werden.

§ 15. I Die Geschäftsbücher der Güterhändler werden von der Distriktsverwaltungsbehörde geprüft, in deren Bezirk der Güterhändler seinen Betriebssitz hat. Hat der Güterhändler keinen Betriebssitz in Bayern, so ist die Distriktsverwaltungsbehörde zuständig, welche die erste Bestätigung (§ 12) in das Geschäftsbuch eingetragen hat.

II Die Prüfung ist je nach Bedarf, regelmäßig jährlich einmal vorzunehmen. Sie kann unterbleiben, wenn der Güterhändler in dem betreffenden Jahre kein unter

Art. 1 oder Art. 5 des Güterzertrümmerungsgesetzes fallendes Geschäft abgeschlossen hat.

III. Auskunft des Güterhändlers.

§ 16. Der Güterhändler ist verpflichtet, der Distriktsverwaltungsbehörde behufs Prüfung der Geschäftsführung Zutritt in die Geschäftsräume zu gestatten, die Geschäftsbücher vorzulegen und jede auf den Geschäftsbetrieb bezügliche Auskunft wahrheitsgetreu zu erteilen.

IV. Vorkaufsrecht.

§ 17. I Die Distriktsverwaltungsbehörde führt ein Verzeichnis der in ihrem Bezirke bestehenden gemeinnützigen landwirtschaftlichen Kreditgenossenschaften (Darlehenskassenvereine und ländlicher Genossenschaften Raiffeisenscher Organisation) und sonstigen juristischen Personen (GG. Art. 1 Abs. I Ziff. 3), aus dem zu ersehen ist, auf welche Gemeinden sich der Geschäftsbetrieb jeder einzelnen Genossenschaft oder juristischen Person nach deren Satzungen erstreckt.

II Genossenschaften, deren Satzungen eine genaue Angabe hierüber nicht enthalten, insbesondere solche, die den Genossenschaftsbezirk nur mit dem Namen des Genossenschaftssitzes und dem Beisatze „und Umgebung" angeben, sind zu veranlassen, eine den Tätigkeitsbereich der Genossenschaft genau bezeichnende Bestimmung in ihre Satzung aufzunehmen.

III Erstreckt sich der Tätigkeitsbereich mehrerer Genossenschaften auf die gleiche Gemeinde, so sind alle diese Genossenschaften als vorkaufsberechtigt im Sinne des Art. 1 Abs. I Ziff. 2 des Güterzertrümmerungsgesetzes zu behandeln.

IV Die Genossenschaften haben alle Änderungen der Satzungen, die den Genossenschaftsbezirk erweitern oder einschränken, der Distriktsverwaltungsbehörde anzuzeigen.

§ 18. Die Namen der juristischen Personen, welche vom Staatsministerium des Innern als vorkaufsberechtigt bezeichnet werden (GG. Art. 1 Abs. I Ziff. 3), werden im Gesetz- und Verordnungsblatte bekannt gegeben werden.

§ 19. I Die im § 1 bezeichneten Anzeigen sind von den Distriktsverwaltungsbehörden als besonders dringlich zu behandeln und unter Verwendung des Formblattes Beil. III umgehend den Vorkaufsberechtigten mitzuteilen. Sind im Falle des Art. 2 Abs. I Satz 2 des Güterzertrümmerungsgesetzes der Distriktsverwaltungsbehörde die in einem anderen Bezirke bestehenden vorkaufsberechtigten Genossenschaften nicht bekannt, so sind sie auf kürzestem Wege — telephonisch oder telegraphisch — zu ermitteln. Von einer Zustellung der Anzeige durch Vermittlung der andern Distriktsverwaltungsbehörde ist abzusehen.

II Wird die Anzeige durch Vorlage einer Abschrift des notariellen Vertrags erstattet, so braucht den Vorkaufsberechtigten nur ein Auszug aus dem Vertrage mitgeteilt zu werden, der die für den Vorkaufsberechtigten wichtigen Bestimmungen, jedenfalls aber die notwendigen Angaben der Anzeige (GG. Art. 2 Abs. II) enthalten muß.

§ 20. Eine Abkürzung der Frist zur Ausübung des Vorkaufsrechts (GG. Art. 3 Abs. II) ist auf Antrag eines Beteiligten insbesondere dann zu verfügen, wenn durch die Hinausschiebung der Entscheidung darüber, wer Eigentümer der Grundstücke wird, dem Antragsteller ein unverhältnismäßiger Nachteil erwachsen würde. Dies wird in der Regel dann anzunehmen sein, wenn durch

Ableben oder Erkrankung des bisherigen Besitzers niemand vorhanden ist, der für die Weiterbewirtschaftung der Grundstücke bis zum Ablaufe der gesetzlichen Frist sorgen kann oder wenn die Aberntung der Grundstücke vor Ablauf der Frist notwendig ist. Die Vorkaufsberechtigten sind von der Abkürzung der Frist so rechtzeitig zu verständigen, daß sie noch vor Ablauf der abgekürzten Frist die Erklärung nach Art. 3 Abs. III des Güterzertrümmerungsgesetzes abgeben können.

§ 21. Die Vorkaufsberechtigten [1] werden nicht selten die Urkunde über den Kaufvertrag und die öffentlichen Bücher einsehen müssen, ehe sie sich über die Ausübung des Vorkaufsrechts schlüssig machen können. Nach Art. 22 des Notariatsgesetzes sind die Vorkaufsberechtigten befugt, die notarielle Urkunde über den Kaufvertrag bei dem Notariat einzusehen und Erteilung einer Abschrift der Urkunde zu beantragen. Auch können sie das Grundbuch sowie den Grundsteuerkataster einsehen und Abschriften fordern (§ 11 der Grundbuchordnung [2], Art. 134 des Ausführungsgesetzes zum BGB.) [3].

1. Auch die mit dem Vollzug des Gesetzes betrauten Distrikts-Verwaltungsbehörden werden nicht selten Veranlassung haben, die Notariatsurkunden und öffentlichen Bücher einzusehen, um bemessen zu können, ob die Anzeigen des Güterhändlers richtig erstattet sind, ob anzeigepflichtige Verträge vorliegen usw. Das Recht der öffentlichen Behörden auf Einsichtnahme notarieller Urkunden richtet sich nach Art. 22 Abs. II des Notariatsgesetzes. Die darin vorbehaltene Verfügung der Justizverwaltung ist in § 191 der Geschäftsordnung für die Notariate vom 22. Dez. 1899 (JMBl. S. 591) getroffen. Hiernach ist den Verwaltungsbehörden auf Ersuchen im dienstlichen Interesse die Einsicht der notariellen Urkunden zu gestatten. Den Distriktsverwaltungsbehörden darf demgemäß die Einsicht in die Urkunden, die über Grundstücksgeschäfte gewerbsmäßiger

Güterhändler aufgenommen worden sind, nicht verweigert werden.

Die Befugnis zur Einsichtnahme umfaßt nach § 200 der Geschäftsordnung für die Notariate auch den Anspruch auf Erteilung einer beglaubigten Abschrift. Die gebührenfreie Erteilung der Abschrift kann jedoch nach einer autogr. Entschl. des StM. der Justiz vom 17. Februar 1911 nicht verlangt werden.

Die Befugnis der Distriktsverwaltungsbehörden zur Einsichtnahme des Grundbuchs und des Grundsteuerkatasters ergibt sich aus den in Anm. 2 u. 3 angeführten Vorschriften.

2. „§ 11: Die Einsicht des Grundbuchs ist jedem gestattet, der ein berechtigtes Interesse darlegt. Das gleiche gilt von Urkunden, auf die im Grundbuch zur Ergänzung einer Eintragung Bezug genommen ist, sowie von den noch nicht erledigten Eintragungsanträgen.

Soweit die Einsicht des Grundbuchs der im Abs. 1 bezeichneten Urkunden und der noch nicht erledigten Eintragungsanträge gestattet ist, kann eine Abschrift gefordert werden; die Abschrift ist auf Verlangen zu beglaubigen".

3. „Art. 134: Die Einsicht des Grundsteuerkatasters und des Verleihungsbuchs der Bergbehörde ist jedem gestattet. Von den Eintragungen kann eine Abschrift gefordert werden; die Abschrift ist auf Verlangen zu beglaubigen. Von den zu dem Kataster oder den Büchern gehörigen Plänen und Messungsverzeichnissen können Auszüge gefordert werden; die Auszüge sind auf Verlangen zu beglaubigen".

§ 22. I Die Ausübung des Vorkaufsrechts erfolgt dadurch, daß der Vorkaufsberechtigte gegenüber dem Grundbuchamte erklärt, daß er von dem Vorkaufsrechte Gebrauch macht. Die Erklärung ist an eine besondere Form nicht gebunden; sie kann schriftlich oder mündlich erfolgen; erfolgt sie mündlich, so ist sie von dem Grundbuchamte zu Protokoll zu nehmen.

II Zur Entgegennahme der Erklärung ist das Grundbuchamt zuständig, in dessen Bezirke die verkauften Grundstücke liegen; liegen sie in den Bezirken mehrerer Grundbuchämter, so ist die Erklärung an das Grundbuchamt zu richten, in dessen Bezirke der Betriebssitz oder, wenn ein solcher nicht vorhanden ist, die größere Fläche der Grundstücke liegt. Ist es zweifelhaft, wo der Betriebssitz oder die größere Fläche liegt, so empfiehlt es sich, die Erklärung an alle Grundbuchämter zu richten, in deren Bezirke die Grundstücke liegen.

III Das Grundbuchamt hat beglaubigte Abschrift der Erklärung dem Güterhändler unverzüglich mitzuteilen; die Mitteilung erfolgt durch eingeschriebenen Brief gegen Rückschein. Die Erklärung selbst und der Nachweis der Mitteilung sind in die Grundbuchanlagen einzureihen.

IV Für die Entgegennahme der Erklärung und die Mitteilung an den Güterhändler kommen Gebühren nicht in Ansatz. Für die Übersendung der Mitteilung werden Schreibgebühren und Postgebühren von dem Vorkaufsberechtigten erhoben.

§ 23. I Sind bei dem Grundbuchamte Erklärungen von mehreren Vorkaufsberechtigten gleichzeitig eingelaufen, so hat das Grundbuchamt hievon die Distriktsverwaltungsbehörde sofort zu verständigen.

II Die Distriktsverwaltungsbehörde fordert die Vorkaufsberechtigten zur Erklärung auf, ob sie sich über die Ausübung des Vorkaufsrechts einigen oder Antrag auf Entscheidung (GG. Art. 3 Abs. IV) stellen wollen.

III Zwischen mehreren Vorkaufsberechtigten ist dem der Vorrang zuzusprechen, welcher die größere Gewähr für Durchführung der Zertrümmerung nach Rücksichten der Gemeinwirtschaft bietet. In der Regel wird die Gemeinde dem Darlehenskassenverein, der Darlehenskassenverein den sonstigen juristischen Personen vorzugehen haben. Bei Zusammentreffen mehrerer Gemeinden oder mehrerer Genossenschaften hat der größere gemeinwirtschaftliche Nutzen den Ausschlag zu geben.

§ 24. Wird von dem Vorkaufsrechte Gebrauch gemacht, so ist die Auflassung zwischen dem Verkäufer und dem Vorkaufsberechtigten von Staatsgebühren und von der Reichsabgabe befreit. (Art. 150 des Gebührengesetzes[1], lit. d Abs. 3—5 der Tarifnummer 11 des Reichsstempelgesetzes vom 15. Juli 1909)[2].

1. „Art. 150: Die Gebühr des Art. 146 wird für die Beurkundung der Auflassungserklärung erhoben, wenn nicht eine Urkunde vorliegt, welche mit dieser Gebühr schon zu bewerten war.

Eine solche Urkunde gilt als nicht vorhanden, wenn die Urkunde

a) die Veräußerung durch einen Bevollmächtigten enthält, die Veräußerung aber erweislich für Rechnung des Bevollmächtigten vorgenommen ist,

b) die Veräußerung durch den Eigentümer enthält, die Veräußerung aber erweislich für Rechnung eines anderen vorgenommen ist,

c) die Veräußerung an einen anderen enthält als an denjenigen, an den die Auflassung erfolgt, sofern nicht der in der Urkunde bezeichnete Erwerber das Geschäft erweislich auf Grund eines Vollmachtsauftrags oder einer Geschäftsführung ohne Auftrag für denjenigen abgeschlossen hat, an welchen die Auflassung erfolgt. Ist jedoch für die Urkunde, durch welche derjenige, an den die Auflassung erfolgt, das Recht auf die Auflassung erworben hat, nach Art. 146a die Gebühr des Art. 146 entrichtet worden, so gilt die Urkunde als im Sinne des Abs. 1 vorhanden".

2. Reichsstempelgesetz, Tarif Nr. 11, lit. d.

„1	2	3				4
Nr.	Gegenstand der Besteuerung	Steuersatz vom Hundert	vom Tausend	Mk.	Pf.	Berechnung der Stempelabgabe
(11.)	d) Auflassungen und Anträge auf Eintragung der Begründung oder Übertragung von Erbbaurechten oder sonstigen Rechten, die ein Grundbuchblatt erhalten können, in Fällen der freiwilligen Veräußerung . . Der Antrag auf Umschreibung von Gesellschaftseigentum auf den Namen eines Gesellschafters unterliegt dem Auflassungsstempel auch dann, wenn nach den Vorschriften des Bürgerlichen Rechtes eine Auflassung nicht erforderlich ist. Der Auflassungsstempel ist nicht zu erheben, wenn die das Veräußerungsgeschäft enthaltende, in an sich stempelpflichtiger Form ausgestellte Urkunde in Urschrift, Ausfertigung oder beglaubigter Abschrift vorgelegt wird. Eine das Veräußerungsgeschäft enthaltende Urkunde im Sinne dieser Vorschrift gilt als nicht vorhanden, wenn die Urkunde	1/8	—	—	—	des Wertes des veräußerten Gegenstandes. Anmerkung zu Tarifnummer 11: Bei Berechnung der Abgabe sind Pfennigbeträge derart nach oben abzurunden, daß sie durch 10 teilbar sind. Ausländische Werte sind nach den Vorschriften wegen Erhebung des Wechselstempels umzurechnen.

1. das Rechtsgeschäft nicht so enthält, wie es unter den Beteiligten hinsichtlich des Wertes der Gegenleistung verabredet ist,
2. die Veräußerung eines Grundstücks durch einen Bevollmächtigten enthält, sofern die Veräußerung erweislich für Rechnung des Bevollmächtigten erfolgt ist,
3. die Überlassung der Rechte an dem Vermögen einer Gesellschaft seitens eines Gesellschafters oder dessen Erben an die Gesellschaft, an einen anderen Gesellschafter oder einen Dritten enthält, sofern nicht diese Personen Abkömmlinge des überlassenden Teiles sind,
4. die Überlassung von Vermögensgegenständen seitens der Gesellschaft zum Sondereigentum an einen Gesellschafter oder dessen Erben enthält, soweit nicht der Stempel zu c dieser Tarifnummer in voller Höhe zu entrichten ist oder die Befreiungsvorschrift zu c dieser Tarifnummer Anwendung findet.

Wird nach der Zahlung des Auflassungsstempels die Urkunde über das zu Grunde liegende Veräußerungsgeschäft errichtet, so ist auf den zu dieser Urkunde nach a bis c dieser Tarifnummer erforderlichen Stempel der gezahlte Auflassungsstempel anzurechnen.

Die Vorschriften über den Auflassungsstempel finden entsprechende Anwendung bei Anträgen auf Umschreibungen in öffentlichen Büchern, sofern das Grundbuch noch nicht als angelegt anzusehen ist".

V. Rücktrittsrecht.

§ 25. I Der Rücktritt erfolgt dadurch, daß der Zurücktretende gegenüber dem Notariate, durch das der Vertrag beurkundet worden ist, erklärt, daß er von dem Vertrage zurücktritt. Die Erklärung ist an eine besondere Form nicht gebunden; sie kann schriftlich oder mündlich erfolgen; erfolgt sie mündlich, so ist sie von dem Notar zu Protokoll zu nehmen.

II Das Notariat hat beglaubigte Abschrift der Erklärung dem Güterhändler unverzüglich mitzuteilen; die Mitteilung erfolgt durch eingeschriebenen Brief gegen Rückschein. Die Erklärung selbst und der Nachweis der Mitteilung sind zu der Urschrift der Vertragsurkunde zu legen.

III Die Erklärung des Rücktritts und die Mitteilung an den Güterhändler sind von Staats- und Notariatsgebühren frei. Für die Übersendung der Abschrift kann der Notar von dem Rücktretenden Schreibgebühren und Ersatz der Postgebühren verlangen. Die Schreibgebühren bemessen sich nach § 80 des Reichsgerichtskostengesetzes.[1]

1. Siehe Anm. 2 zu § 11 S. 98.

§ 26. Erfolgt der Rücktritt, so gelangt der Vertrag nicht zur Ausführung oder das Geschäft wird rückgängig gemacht, wenn das Eigentum auf Grund des Vertrags schon übertragen ist. Da der Rücktritt auf Grund der Ermächtigung des Güterzertrümmerungsgesetzes erfolgt, so kann die Nichtausführung des Vertrags oder die Rückgängigmachung des Geschäfts regelmäßig keinem Beteiligten zum Verschulden angerechnet werden. Auf Antrag der Beteiligten sind daher die Staatsgebühr, die Besitzveränderungsabgabe sowie die Reichsabgabe (Art. 179 des Gebührengesetzes,[1] § 127 m der Ausführungsvorschriften des Bundesrats zum Reichsstempelgesetze[2]) aus Billigkeitsgründen zu erstatten, wenn nicht ein absichtliches Verschulden eines Beteiligten nachgewiesen ist.

1. „Art. 179: Für die Gebührenpflicht ist die Hinzufügung von Bedingungen, die unterbliebene Ausführung oder die Wiederaufhebung des Rechtsgeschäfts ohne Bedeutung.

Das Staatsministerium der Finanzen bestimmt, ob und inwieweit die Gebühr auf Antrag zu erlassen oder zu erstatten ist.

Wird die Wirksamkeit des Vertrags ausdrücklich von der Zustimmung einer bestimmten dritten Person abhängig gemacht und innerhalb drei Monaten der Nachweis erbracht, daß die Zustimmung versagt wurde, so wird nur eine Gebühr von 1 Mk. geschuldet und der hiernach zu viel erhobene Betrag zurückerstattet.“

2. „§ 127m: (1) Die Stempelabgabe ist auf Antrag zu erstatten:

a) wenn ein beurkundeter Rechtsvorgang nichtig oder infolge einer Anfechtung als von Anfang an nichtig anzusehen ist,

b) wenn ein Zuschlagsbeschluß aufgehoben ist,

c) wenn nach Zahlung der Abgabe zu d der Tarifnummer 11 eine Urkunde über das der Veräußerung zugrunde liegende Rechtsgeschäft vorgelegt wird (Tarifnummer 11 d Abs. 3). Ist die Urkunde nicht ordnungsmäßig versteuert, so ist der zu erstattende Betrag auf den zu der Urkunde erforderlichen Stempel zu verrechnen,

d) im Falle des § 127 n Abs. 2 Satz 2.

(2) Außerdem kann die Erstattung aus Billigkeitsgründen angeordnet werden, wenn die Ausführung des Rechtsgeschäfts unterblieben oder ein Geschäft auf Grund der Wandlung rückgängig gemacht ist.

(3) Im Falle zu a und im Falle des vorhergehenden Absatzes erfolgt die Erstattung unter Vorbehalt der Wiedereinziehung des Stempels von demjenigen Vertragschließenden, der bei der Beurkundung des Geschäfts von den die Nichtigkeit bedingenden Umständen Kenntnis gehabt oder die unterbliebene Ausführung des Geschäfts oder die Wandlung verschuldet hat.

(4) Über Anträge auf Erstattung entscheidet die Steuerdirektivbehörde und, sofern die Abgabe vom Grundbuchamt erhoben ist, vorbehaltlich anderweiter Bestimmung der Landesregierung, die diesem übergeordnete Behörde. Dem

Erstattungsantrag ist nur stattzugeben, wenn er innerhalb eines Jahres vom Zeitpunkte der Zahlung oder Beitreibung der Abgabe ab gestellt worden ist. Wird der Antrag auf Tatsachen gestützt, die erst nach der Zahlung oder Beitreibung der Abgabe eingetreten sind, so beginnt die einjährige Frist mit dem Tage, an dem der Antragsteller von diesen Tatsachen Kenntnis erhalten hat.

(5) Die Erstattung ist auf der Urkunde zu vermerken.

(6) Die näheren Bestimmungen über das Verfahren trifft die oberste Landesfinanzbehörde."

VI. Abmarkung.

§ 27. I Hat der Abmarkung eine Teilungs- oder Grenzermittlungsmessung vorauszugehen, so ist die Abmarkung beim Messungsamt und zwar gleichzeitig mit der Messung zu beantragen. Ist eine Messung nicht veranlaßt, so kann die Abmarkung dem Messungsamte oder den Feldgeschworenen übertragen werden. (Art. 4 Abs. II und IV des AbmG.)[1]. Diese Anträge sind als vordringlich zu behandeln.

II Werden Abmarkungen durch die Feldgeschworenen vorgenommen, so legt die Gemeindebehörde — in ausmärkischen Bezirken der Obmann der Feldgeschworenen —, sofort nach Erledigung der Abmarkungsgeschäfte das Protokollbuch der Feldgeschworenen nebst den Abmarkungsanträgen dem Messungsamte vor. Erfordert die Durchführung der Abmarkungen einen längeren Zeitraum, so ist das Protokollbuch nebst den Abmarkungsanträgen am Schlusse eines jeden Kalendervierteljahrs dem Messungsamte vorzulegen. Das Messungsamt merkt die durch die Feldgeschworenen gesetzten Grenzzeichen zur förderlichen Einmessung vor und gibt das Protokollbuch nebst den Abmarkungsanträgen binnen 3 Tagen zurück.

III Die Messungsämter haben für die Vornahme der Abmarkungsgeschäfte sowie für die Einmessung der von den Feldgeschworenen gesetzten Grenzzeichen Messungsgebühren nach Abschnitt II der Bekanntmachung vom 18. Februar 1907 (FinMBl. S. 117)[2] aufzurechnen.

IV Die Distriktsverwaltungsbehörden können Ausnahmen (GG. Art. 7 Abs. IV) in der Weise bewilligen, daß sie die Abmarkungspflicht erlassen oder die nachträgliche Vornahme der Abmarkung in angemessener Frist nach der Beurkundung des Vertrags gestatten. Das Verfahren bei den Distriktsverwaltungsbehörden ist gebührenfrei. (Art. 23 des AbmG.).[3]

V Die Abmarkungspflicht kann insbesondere dann erlassen werden, wenn die Grenzen der Grundstücke durch Raine, Zäune, Hecken, Bäume und Wasserläufe zweifellos erkennbar sind oder wenn die Abmarkung die Verschiebung der Grenzen einer größeren Anzahl unbeteiligter Grundstücke notwendig machen würde.

VI Die nachträgliche Abmarkung ist insbesondere zuzulassen, wenn die sofortige Vornahme wegen hoher Schneelage, Frost oder anderer Hindernisse nicht erfolgen kann, oder wenn die Grundstücke angebaut sind und durch die Abmarkung ein erheblicher Schaden entstehen würde.

VII Bei aneinanderliegenden Grundstücken, die in der Hand eines Eigentümers vereinigt sind, kommt es nicht selten vor, daß die Grenzen bei der Bewirtschaftung geändert oder beseitigt werden. Bei solchen Grundstücken darf die Abmarkungspflicht in der Regel nicht erlassen werden. Eine Befreiung von der Abmarkungspflicht ist auch in anderen Fällen, in denen der Abmarkung eine Messung vorauszugehen hat, nicht zulässig.

1. „Art. 4. (I. Zur Vornahme der Abmarkung bei den von der zuständigen Behörde angeordneten Neumessungen (Art. 1 Abs. I Ziff. I) sind die hiezu bestimmten Geometer, zur Vornahme der Abmarkung einer Gemeinde- oder Ortsflur oder einer Feldlage (Art. 1 Abs. I Ziff. 5) und der Abmarkungen, die im Anschlusse an Vermessungen zu erfolgen haben, sind die Messungsbehörden ausschließlich zuständig).

II. Sonstige Abmarkungsgeschäfte können von den Grundeigentümern gleichfalls der Messungsbehörde übertragen werden.

III. —

IV. Im übrigen sind zur Vornahme der Abmarkungsgeschäfte die Feldgeschworenen berufen."

2. FinMB. vom 18. 2. 07. „II. Gebühren nach Zeitaufwand und Entfernung. § 6. Für nachstehende Arbeiten sind die Gebühren nach Zeitaufwand und Entfernung zu berechnen:

a) Flächenfeststellungen, welche die Ausarbeitung von Messungsverzeichnissen nicht bedingen;

b) Kulturausscheidungen, die nicht in Verbindung mit Teilungs- oder Neubaumessungen zu behandeln sind;

c) Teilungs- und Grenzermittlungsmessungen innerhalb des Ortsrayons von Städten und Ortschaften mit mehr als 2000 Einwohnern.

d) Grenzermittlungsmessungen an Seen, Eisenbahnen, Straßen oder Wegen und an Steinbrüchen, sofern an diesen Grundstücken nicht lediglich Teile der Grenzen gelegentlich der Grenzermittlung für anstoßende Grundstücke festgestellt werden;

e) Aufnahme eines Grundkomplexes (eines Guts-, Baukomplexes, einer Waldung rc.), wenn die Aufnahme mit Rücksicht auf den Grundstückswert unter Anwendung eines Theodolits nach der Zahlenmethode durchzuführen ist;

f) Feststellung der Außengrenze eines Grundkomplexes, wenn die festgestellten Grenzstrecken mehr als 1000 m Länge beziffern.

Im übrigen bestimmen sich die Arbeiten, für welche die Gebühren nach Zeitaufwand und Entfernung zu berechnen sind, nach den bisherigen Vorschriften.

§ 7. Bei der Gebührenberechnung nach Zeitaufwand und Entfernung darf als Stundengebühr aufgerechnet werden:

a) im äußeren Dienste für den Vorstand der Messungsbehörde, einen Messungsassistenten oder geprüften Geometerpraktikanten 1,20 Mk., für einen im Vorbereitungsdienste verwendeten Geometerpraktikanten höchstens 0.80 Mk. und für den ersten Meßgehilfen 0,60 Mk.;

b) im inneren Dienste für den Vorstand der Messungsbehörde, einen Messungsassistenten, geprüften Geometerpraktikanten oder einen Katasterzeichner 0,80 Mk., für einen im Vorbereitungsdienste verwendeten Geometerpraktikanten höchstens 0,60 Mk. und für einen sonstigen Hilfsarbeiter (Gehilfen) höchstens 0,50 Mk.

Der Gebührenberechnung kann für den Tag im äußeren Dienste ein Zeitaufwand bis zu 10 Stunden, im inneren Dienste ein Zeitaufwand bis zu 8 Stunden zugrunde gelegt werden. In den Zeitaufwand darf nur die Arbeits- und Reisezeit, nicht aber die Ruhezeit eingerechnet werden. Ist die für ein Geschäft aufgewendete Zeit geringer als eine Stunde oder ergibt sich bei der Zusammenrechnung außer vollen Stunden noch ein Bruchteil, so wird zur vollen Stunde aufgerundet. Die Gebührenberechnung nach einer den wirklichen Zeitaufwand übersteigenden Stundenzahl ist unzulässig.

Für die im Vorbereitungsdienste verwendeten Geometerpraktikanten und für die sonstigen Hilfsarbeiter (Gehilfen) hat die Geschäftsgewandtheit und Arbeitsleistung den Maßstab für die Festsetzung der Stundengebühr innerhalb des zulässigen Höchstbetrages zu bilden. Die Festsetzung obliegt den Regierungsfinanzkammern, die auch ermächtigt sind, die Stundengebühren für geprüfte Geometerpraktikanten und Katasterzeichner im Falle ungenügender Arbeitsleistung oder mangelnder Geschäftsgewandtheit dieser Hilfsarbeiter herabzusetzen. (Vgl. FinMinEntschl. vom 8 Juli 1902 Nr. 15878).

§ 8. Sind die Gebühren nach Zeitaufwand und Entfernung zu berechnen, so darf die Aufrechnung der Reisegebühr sowie die Einrechnung der Reisezeit in die Arbeitszeit bei Geschäften, welche mehrere Tage dauern, nur einmal erfolgen, auch wenn die Hin- und Rückreise wiederholt ausgeführt wird.

Ausnahmsweise ist bei Wiederholung der Hin- und Rückreise gestattet, die Reisegebühr und die Reisezeit wiederholt in Rechnung zu bringen, wenn Sonn- oder Feiertage, ungünstige Witterung oder umfangreiche Berechnungen die Arbeitsunterbrechung unvermeidlich gemacht haben.

Die Reisegebühr beträgt im Falle des Abs. 2 bei der

erstmaligen Hin- und Rückreise 20 Pf. und bei der wiederholten Hin- und Rückreise 10 Pf. für jeden angefangenen Kilometer.

§ 9. Werden bei ein und derselben Dienstreise Arbeiten vorgenommen, für welche die Gebühren teils nach Zeitaufwand und Entfernung teils nach Tarifsätzen zu berechnen sind, so ist der von den Reisekosten und der Reisezeit auf die Tarifarbeiten entfallende Anteil im Verhältnisse zu der auf die verschiedenen Geschäfte im äußeren Dienste verwendeten Arbeitszeit zu veranschlagen und an dem Betrage der Zeitgebühren und Reisekosten zu kürzen.

§ 10. Ist eine Abmarkung aus Anlaß eines Messungsgeschäftes vorzunehmen, für das die Gebührenaufrechnung nach Zeitaufwand und Entfernung zu erfolgen hat, so sind auch die Abmarkungsgebühren für den äußeren und inneren Dienst nach Zeitaufwand und Entfernung zu berechnen.

Die Gebühren für Reisezeit und Entfernung sind auf das Messungs- und Abmarkungsgeschäft nach Maßgabe der auf das einzelne Geschäft im äußeren Dienste verwendeten Arbeitszeit auszuscheiden.

§ 11. Bei Abmarkungen nach Art. 1 Abs. 1 Ziff. 5 des Gesetzes, die Abmarkung der Grundstücke betr., vom 30. Juni 1900 (GVBl. S. 553) sind die Gebühren für allenfalls erforderliche Grenzermittlungs- und Teilungsmessungen ebenso wie die Gebühren für die Beteiligung der Messungsbehörde an dem Abmarkungsgeschäfte (vgl. § 15 Abs. 3 der Bekanntmachung vom 20. Februar 1901, FinMBl. S. 217) nach Zeitaufwand und Entfernung zu berechnen.

Die Gebühren für die allgemeine Prüfung und Feststellung der Grenzverhältnisse (auf der Grundlage von Handrissen über frühere Messungen 2c.) sowie für die Beteiligung der Messungsbehörde an dem Abmarkungsgeschäfte sind auf die Staatskasse zu übernehmen und als Abmarkungskosten auf den Etat der direkten Steuern zu verrechnen. Die Gebühren für die auf besonderen Parteiantrag zu vollziehenden Grenzermittlungsmessungen (Ermittlung verdunkelter, von den Parteien bestrittener oder angezweifelter Grenzen 2c.) fallen ebenso wie die Kosten für Teilungsmessungen den Beteiligten zur Last.

§ 12. Akkordverträge über geometrische Arbeiten dürfen von den Messungsbehörden nicht mehr abgeschlossen werden."

3. „Art. 23. Das Verfahren bei den Gemeindebehörden und in der ersten Instanz ist gebührenfrei."

VII. **Besondere Gebühren für die Prüfung der Geschäftsbücher.**

§ 28. I Für die Prüfung der Bücher des Güterhändlers durch die Distriktsverwaltungsbehörde ist eine Gebühr von 10 bis 100 Mk. zu entrichten. Die Gebühr darf in jedem Jahre nur einmal erhoben werden; sie fließt in die Staatskasse (GG. Art. 16). Die Gebühr wird von der Distriktsverwaltungsbehörde festgesetzt, welche die Bücherprüfung vorgenommen hat. Die Höhe der Gebühr ist nach dem Umfange des der Prüfung unterstellten Güterhandelsbetriebs sowie der demgemäß bei der Bücherprüfung zu entfaltenden Tätigkeit der Distriktsverwaltungsbehörde zu bemessen. Der Mindestsatz der Gebühr wird nur bei kleinen und unbedeutenden Betrieben anzuwenden sein; dagegen ist bei größeren Betrieben und erheblicheren Umsätzen von dem gesetzlichen Rahmen ein entsprechender Gebrauch zu machen.

II Bei den Bezirksämtern erfolgt die Sollstellung der festgesetzten Gebühr im Gebührenregister und zwar in der für die Staatsgebühren bestimmten Rubrik; hinsichtlich der Einhebung und Ablieferung, dann der Überweisung der bei der Gebührenabrechnung mit dem Rentamte noch bestehenden Rückstände gilt das gleiche, wie für die Staatsgebühren.

III Bei den Magistraten der unmittelbaren Städte werden die zur Festsetzung gelangten Gebühren in ein Verzeichnis nach dem Muster der Beil. IV eingetragen, das am Monatsschluß abzuschließen und dem Rentamte des Bezirks, in München dem Stadtrentamte III, in Nürnberg dem Rentamte III zur Sollstellung der innenverzeichneten Beträge im rentamtlichen Gebührenregister und Einziehung zu übersenden ist. Die Sollstellung im rentamtlichen Gebührenregister erfolgt in der für die Staatsgebühren in der Verwaltung bestimmten Rubrik. Die vorschriftsgemäße Festsetzung der Gebühren in den Fällen, in denen Gebühren geschuldet sind, sowie die richtige Überweisung an das Rentamt, wird durch die örtliche Revision geprüft.

VIII. Strafbestimmungen.

§ 29. I Wer die im § 1 vorgeschriebene Anzeige vorsätzlich unterläßt oder unrichtig erstattet, wird mit Haft, in leichteren Fällen an Geld bis zu 1000 Mk. gestraft; wer die Anzeige aus Fahrlässigkeit unterläßt oder unrichtig erstattet, wird an Geld bis zu 200 Mk. gestraft (GG. Art. 8).

II Wer die im § 7 vorgeschriebene Anzeige unterläßt, verfällt im rechtsrheinischen Bayern in eine Geldstrafe bis zu 150 Mk. (Art. 76a des Forstgesetzes)[1].

III Wer die im § 9 bezeichnete Anzeige unterläßt, verfällt in eine Geldstrafe, welche dem ein- bis dreifachen Betrage der Ablösungsschuldigkeit gleichkommt (Art. 19 Abs. II Satz 2 des Gesetzes vom 2. Februar 1898).[2]

IV Im übrigen werden Zuwiderhandlungen gegen die Vorschriften der §§ 2, 3, 4, 6, 7, 8, 12, 13, 14, 16 dieser Bekanntmachung nach § 148 Ziff. 4a der Gewerbeordnung mit Geld bis zu 150 Mk. und im Unvermögensfalle mit Haft bis zu 4 Wochen gestraft.

1. Siehe Anhang Nr. 11.
2. Siehe Anhang Nr. 9.

IX. Schlußbestimmungen.

§ 30. Die Ausdehnung der Vorschriften des Gütherzertrümmerungs-Gesetzes auf Anwesen und Grundstücke von mindestens 3 ha Flächeninhalt (GG. Art. 10 Abs. II) ist von den Regierungen, Kammern des Innern, nach Einvernahme des landwirtschaftlichen Kreisausschusses da in Anregung zu bringen, wo die gewerbsmäßigen Güterhändler sich vorwiegend mit der Zertrümmerung geschlossen bewirtschafteter landwirtschaftlicher Grundstücke von weniger als 5 ha Flächeninhalt befassen und wo nach der Besitzverteilung und nach den wirtschaftlichen Verhältnissen die Zertrümmerung solcher Anwesen besonders schädlich wirkt.

§ 31. I Als gemeinnützige Genossenschaften oder ähnliche juristische Personen, auf welche die Vorschriften des Gesetzes auch dann nicht Anwendung finden, wenn sie den Handel mit ländlichen Grundstücken gewerbsmäßig betreiben (GG. Art. 14), kommen in der Regel nur die landwirtschaftlichen Kreditgenossenschaften — landwirtschaftliche Darlehenskassenvereine und ländliche Genossenschaften Raiffeisenscher Organisation — sowie die juristischen Personen in Betracht, denen vom K. Staatsministerium des Innern das Vorkaufsrecht verliehen worden ist (GG. Art. 1 Abs. I Ziff. 3). Außerdem können auch Genossenschaften oder juristische Personen in Betracht kommen, die zur Durchführung von Güterzertrümmerungen im Interesse der Gemeinwirtschaft eigens gebildet worden sind.

II Genossenschaften und juristische Personen, die als gemeinnützig anerkannt sein wollen, haben unter Vorlage ihrer Satzung Antrag bei der für den Sitz der Genossenschaft oder juristischen Person zuständigen Distriktsverwaltungsbehörde zu stellen. Die Distriktsverwaltungsbehörde hat sorgfältig zu prüfen, ob die Voraussetzungen der Gemeinnützigkeit gegeben und ob insbesondere die maßgebenden Bestimmungen nicht nur zum Schein oder mit der Absicht späterer Abänderung in die Satzung aufgenommen worden sind und erteilt gegebenenfalls eine Bescheinigung, daß die Genossenschaft oder juristische

Person auf Grund der vorgelegten Satzung — vorbehaltlich der gerichtlichen Entscheidung — als gemeinnützig anerkannt und in das Verzeichnis der Vorkaufsberechtigten (§ 17) eingetragen wird.

§ 32. Die Bekanntmachungen vom 1. Januar 1894 (GVBl. S. 12, 78), vom 3. Oktober 1899 (GVBl. S. 844) und vom 4. April 1908 (GVBl. S. 255) den gewerbsmäßigen Betrieb des Handels mit ländlichen Grundstücken betr. werden aufgehoben.

Bezüglich der gewerbsmäßigen Vermittlungsagenten von Verträgen über ländliche Grundstücke verbleibt es bei den Vorschriften der Bekanntmachung vom 18. Dezember 1883, die in § 35 Abs. 3 der Gewerbeordnung aufgeführten Betriebe betreffend (GVBl. S. 495).[1]

Den Behörden ist durch das Gesetz über die Güterzertrümmerung eine Reihe neuer Aufgaben übertragen worden, die im Interesse der Abstellung der bei der gewerbsmäßigen Güterzertrümmerung aufgetretenen Miß-

[1]) An Stelle dieser Bekanntmachung ist nunmehr die nachstehende Bekanntmachung vom 6. Oktober 1910 (GVBl. S. 945) getreten:

Bekanntmachung, den Vollzug der §§ 35, 38 der Gewerbeordnung betreffend.

K. Staatsministerium des Königlichen Hauses und des Äußern.

Auf Grund der §§ 35 Abs. 2 und 3 sowie 38 Abs. 4 der Gewerbeordnung wird bestimmt:

I. Allgemeine Vorschriften.

Buchführung.

§ 1. Wer 1. mit lebenden Vögeln — ausgenommen Haus- und Nutzgeflügel — handelt,
2. den Trödelhandel betreibt,
3. mit der gewerbsmäßigen Besorgung fremder Rechtsangelegenheiten und bei Behörden wahrzunehmender

stände liegen und deren Durchführung gewissenhaften Vollzug und fortgesetzte ernste Aufmerksamkeit erfordert. Dabei muß nachdrücklichst darauf Bedacht genommen werden, die Erschwerungen, welche in der Übergangszeit durch die neuen Vorschriften bei der Veräußerung landwirtschaftlicher Grundstücke eintreten können, tunlichst zu mildern. Es wird erwartet, daß die beteiligten Behörden dem Gesetze einen Vollzug sichern, der seinen auf die Erhaltung eines seßhaften leistungsfähigen Bauernstandes gerichteten Absichten entspricht und ungünstige Nebenwirkungen nach Möglichkeit vermeidet.

München, den 24. August 1910.

v. Brettreich. Staatsrat v. Breunig.
Staatsrat v. Treutlein-Mördes.

Geschäfte, insbesondere mit der Abfassung der darauf bezüglichen schriftlichen Aufsätze sich befaßt,

4. als gewerbsmäßiger Vermittlungsagent für Immobiliarverträge, Darlehen und Heiraten tätig ist,

hat ein Geschäftsbuch nach dem in den Anlagen bezeichneten Muster zu führen.

Diese Bücher sind in den Geschäftsräumen aufzubewahren.

§ 2. Die Bücher, welche dauerhaft gebunden und mit fortlaufenden Seitenzahlen versehen sein müssen, sind vor dem Gebrauch der Distriktspolizeibehörde des Wohnorts, in München der Polizeidirektion, vorzulegen.

Findet diese die Bücher in Ordnung, so genehmigt sie ihre Verwendung unter Beidruck des Amtssiegels, indem sie zugleich auf dem ersten Blatt die Zahl der Seiten vermerkt.

§ 3. Das Herausnehmen oder Zusammenkleben von Blättern der Geschäftsbücher sowie das Einheften neuer Blätter ist untersagt.

Die Einträge in die Bücher müssen gut leserlich, in deutscher Sprache und mit Tinte geschrieben sein; sie dürfen nicht durch Ausschaben oder in sonstiger Weise unleserlich gemacht werden.

§ 4. Geschäftsbücher, die nicht mehr benützt werden, sind unter Angabe des Datums abzuschließen und der Distriktspolizeibehörde vorzulegen, welche sie nach Bestätigung des Abschlusses zur Aufbewahrung zurückzugeben hat.

Nach dem Abschluß dürfen weitere Einträge nicht gemacht werden.

Die Bücher dürfen nur mit Genehmigung der Distriktspolizeibehörde ganz oder teilweise vernichtet werden.

Die Bestimmungen in vorstehenden drei Absätzen gelten auch für den Fall der Einstellung des Geschäftsbetriebes, jedoch mit der Maßgabe, daß die Bücher der Distriktspolizeibehörde ausgehändigt werden können.

§ 5. Jedes Geschäft muß alsbald in das Buch in fortlaufender Reihenfolge deutlich, vollständig und wahrheitsgetreu eingetragen werden.

Behandlung der Geschäftspapiere.

§ 6. Alle anfallenden Geschäftsbriefe sowie Abdrücke oder Abschriften der auslaufenden Geschäftsbriefe, dann Empfangsbestätigungen, Postscheine und sonstige Geschäftsbelege haben die genannten Gewerbetreibenden 5 Jahre lang aufzubewahren.

Die in § 1 Ziff. 3 bezeichneten Personen (Rechtsagenten) müssen, wenn beim Ablauf der fünfjährigen Frist die Angelegenheit, auf die sich die Schriftstücke beziehen, noch nicht erledigt ist, die Schriftstücke bis zur Erledigung der Angelegenheit aufbewahren.

In besonderen Fällen können die Geschäftspapiere der Distriktspolizeibehörde mit deren Genehmigung ausgehändigt werden.

§ 7. Die Geschäftsbücher und Akten sind stets in guter Ordnung zu halten.

Die Akten oder einzelnen Schriftstücke müssen mit der Nummer des Eintrags im Geschäftsbuch versehen sein.

Geschäftsräume.

§ 8. Die Wahl sowie jede Veränderung der Geschäftsräume ist unter genauer Bezeichnung der einzelnen Räume der Distriktspolizeibehörde anzuzeigen.

Am Hauseingang und am Eingang zu den Geschäftsräumen hat der Gewerbetreibende seinen Familiennamen und mindestens einen ausgeschriebenen Vornamen mit einer kurzen Bezeichnung seines Geschäftes in deutlich lesbarer Schrift anzubringen.

Pflichten gegen die Polizeibehörde.

§ 9. Die genannten Gewerbetreibenden sind verpflichtet, den Beamten der Polizeibehörde jederzeit Zutritt in ihre Geschäftsräume zu gestatten, ihnen die hinterlegten Gelder, Urkunden, Bücher, Geschäftspapiere usw. vorzuzeigen und jede auf den Geschäftsbetrieb bezügliche Auskunft wahrheitsgemäß zu erteilen.

II. Besondere Vorschriften.

3. Für die in § 1 Ziff. 3 und 4 genannten Gewerbetreibenden.

§ 14. Diese sind verpflichtet, ihre Firma (Vor- und Familiennamen sowie Geschäftsbezeichnung), dann jede Änderung derselben der Distriktspolizeibehörde anzuzeigen. Letztere kann die Geschäftsbezeichnung vorschreiben.

In allen geschäftlichen Angelegenheiten haben sich die bezeichneten Gewerbetreibenden ausschließlich ihrer Firma zu bedienen. Jede andere oder weitere Bezeichnung ist ihnen verboten.

§ 15. Die Beschäftigung von Hilfspersonal (Gehilfen, Lehrlingen) einschließlich der Familienangehörigen ist der Distriktspolizeibehörde anzuzeigen.

§ 16. Geld, Wertpapiere, Wertgegenstände, Urkunden und andere wichtige Schriftstücke, Pläne, Zeichnungen 2c., die den bezeichneten Gewerbetreibenden von ihren Auftraggebern oder für diese ausgehändigt werden, sind, sofern nicht die sofortige Abgabe zu erfolgen hat, in besonderen Umschlägen, die mit dem Namen des Auftraggebers und der betreffenden Nummer des Geschäftsbuches zu versehen sind, geordnet und vor Beschädigung gesichert aufzubewahren.

III. Schlußbestimmungen.

§ 17. Die Vorschriften über den Geschäftsbetrieb der gewerbsmäßigen Vermittlungsagenten für Immobiliarverträge finden keine Anwendung auf Personen, die den Handel mit ländlichen Grundstücken gewerbsmäßig betreiben.

Die Vorschriften über den Geschäftsbetrieb der gewerbsmäßigen Vermittlungsagenten für Darlehen finden keine Anwendung auf Agenten der Hypothekenbanken, soweit diese im Hauptberuf auf Grund Vertrags im Dienste solcher Banken tätig sind.

Die Distriktspolizeibehörde (§ 2), in München die Polizeidirektion, kann Bankiers und sonstige in das Handelsregister eingetragene Kaufleute, die neben ihrem Hauptgeschäft auch Immobilien- und Hypotheken-Vermittlungsgeschäfte betreiben, von der Beobachtung der Vorschriften über den Geschäftsbetrieb der gewerbsmäßigen Vermittlungsagenten befreien. Die Befreiung ist zu versagen, wenn die Eintragung des Hauptgeschäfts ins Handelsregister in der Absicht herbeigeführt worden ist, sich der Anwendung der Vorschriften zu entziehen oder wenn Tatsachen vorliegen, die eine polizeiliche Kontrolle angezeigt erscheinen lassen.

§ 18. Die Distriktspolizeibehörde (§ 2), in München die Polizeidirektion, ist ermächtigt, in einzelnen Fällen bei unbedeutenden Geschäftsbetrieben auf Ansuchen Erleichterungen in bezug auf die vorstehenden Anordnungen zu gewähren.

Ferner kann sie geringfügige Änderungen oder die Beifügung weiterer Spalten in den Geschäftsbüchern anordnen.

§ 19. Die bisherigen Geschäftsbücher dürfen bis zum Abschluß fortgeführt werden.

§ 20. Die gegenwärtigen Vorschriften treten am 1. November 1910 in Kraft.

Mit diesem Tage verlieren ihre Wirksamkeit:

die Bekanntmachungen des K. Staatsministeriums des Innern vom 16. Februar 1878, das Geschäft der Trödler betreffend (GVBl. S. 86) und 18. Dezember 1883, die in § 35 Abs. 3 der Reichsgewerbeordnung aufgeführten Gewerbebetriebe betreffend (GVBl. S. 495), dann die Entschließungen des K. Staatsministeriums des Innern vom 14. Dezember 1902 Nr. 27541 und des K. Staatsministeriums des Königlichen Hauses und des Äußern vom 23. Januar 1908 Nr. 21650/II.

München, den 6. Oktober 1910.

Dr. Frhr. v. Podewils.

Beilage I.

, den 19

K. Notariat

An

das K. Bezirksamt
(den Stadtmagistrat)

Betreff:
Vollzug des Güterzertrümmerungsgesetzes.

Auf Antrag des Güterhändlers

teile ich für ihn mit, daß er durch Urkunde vom GR. Nr. von d in die rückwärts verzeichneten Grundstücke gekauft hat.

Zur Benachrichtigung der Vorkaufsberechtigten lege ich Abschriften dieser Anzeige bei.

Der gekauften Grundstücke				
Steuergemeinde	Plan-Nr.	Bezeichnung	Flächeninhalt	
			ha	ar

Kaufpreis	Zahlungsbedingungen und Angabe des etwa mitverkauften Inventars	Bodenzinsbelastung

Beilage II.
(Seite 1)

Geschäftsbuch
des
Güterhändlers

(Vor- u. Zuname oder Firma) ....

(Betriebssitz) in ....

Die Verwendung des Geschäftsbuchs,
das ....(m. W. ....)
Seiten hat, wird genehmigt.

.........................., am 19

K. Bezirksamt.
(Stadtmagistrat)

(Siegel)

(Geschäftsbuch, S. 2)

Nr.	Tag / Monat / Jahr des Kaufvertrags oder des Auftrags	Name, Stand und Wohnort des Eigentümers a) von dem die Grundstücke erworben oder b) für den sie veräußert worden sind	Bezeichnung der Grundstücke nach Plannummer, Flächenmaß und Steuergemeinde sowie der mitverkauften Rechte und des Inventars	a) Erwerbspreis oder b) wenn es sich u[m] eine Veräußerun[g] für Rechnung eine[s] Dritten handelt, Höhe der vom Güte[r]händler ausbedun[ge]genen Vergütung (Gewinnanteil)

(Geschäftsbuch, S. 3)

Tag	Monat	Jahr	Tag	Monat	Jahr	Tag	Monat	Jahr	Name, Stand und Wohnort des Käufers	Veräußerungspreis (einschließlich des Preises für mitverkaufte Rechte und für das Inventar)
der Anzeige nach						des Veräußerungsvertrags				
Art. 2 des Güterzertrümmerungsgesetzes			Art. 42a des Forstgesetzes							

Beilage III.

Nr. ....

.........................., den .... 19 ...

K. Bezirksamt ....
(Stadtmagistrat)

Betreff:
Vollzug des Güterzertrümmerungsgesetzes.

Beil.: 1 Verzeichnis.

Der Güterhändler ....
....
in ....
hat durch Urkunde des K. Notariats ....
.... vom ....
G.R. Nr. .... von dem ....
....
in ....
die in der Anlage*) verzeichneten Grundstücke zu den beigesetzten Preisen und Zahlungsbedingungen gekauft.

Der Vorkaufsberechtigte ist befugt, die notarielle Urkunde über den Kaufvertrag beim Notariate, sowie das Grundbuch und den Grundsteuerkataster einzusehen. Auch kann er die Erteilung einer Abschrift der notariellen Urkunde und der Einträge im Grundbuch und im Grundsteuerkataster verlangen.

*) Anm. Erfolgt die Anzeige (§ 1) durch das Notariat, so ist eine Abschrift dieser Anzeige beizulegen. Sonst sind die erforderlichen Angaben in ein Verzeichnis nach dem Muster der Beil. I einzutragen.

Die Frist zur Ausübung des Vorkaufsrechts beträgt drei Wochen. Sie beginnt mit dem Abschlusse des Vertrags und läuft auch, wenn der Vorkaufsberechtigte von dem Abschlusse des Vertrags keine Kenntnis hat. Die Ausübung des Vorkaufsrechts erfolgt durch Erklärung gegenüber dem Grundbuchamt, in dessen Bezirke die verkauften Grundstücke liegen; liegen sie in den Bezirken mehrerer Grundbuchämter, so ist die Erklärung an das Grundbuchamt zu richten, in dessen Bezirke der Betriebssitz oder, wenn ein solcher nicht vorhanden ist, die größere Fläche der Grundstücke liegt. Ist es zweifelhaft, wo der Betriebssitz oder die größere Fläche liegt, so empfiehlt es sich, die Erklärung an alle Grundbuchämter zu richten, in deren Bezirke die Grundstücke liegen.

Die Erklärung kann durch Ausfüllung und Unterzeichnung des untenstehenden Vordrucks abgegeben werden.

An das Grundbuchamt beim K. Amtsgerichte ....
.... mit der Erklärung, daß wir bezüglich des zwischen dem Güterhändler ....
und dem ....
am .... 19.... bei dem K. Notariate ....
abgeschlossenen Kaufvertrags GR. Nr. .... vom Vorkaufsrechte Gebrauch machen.

, den .... 19....

Beilage IV.

Verzeichnis
der
im Laufe des Monats .... 19....
festgesetzten Gebühren für die Prüfung der Bücher
der Güterhändler.

Gegenwärtiges Verzeichnis wird dem K. Rentamte .... zur Sollstellung und Einziehung der innenverzeichneten Gebühren übersendet.

......................................, den ....

(Beilage IV, S. 2)

Lfde. Nummer	Akten-zeichen	Tag der Gebühren-festsetzung	Name, Stand und Wohnort des Schuldners (Straße, Hausnummer)	Festgesetzter Gebühren-betrag		Bemerkungen
				Mk.	Pf.	

2. Bekanntmachung, Vollzug des Güterzertrümmerungsgesetzes betr.

Vom 27. August 1910 Nr. 6045a/84. (GVBl. S. 657).

K. Staatsministerium des Innern.

Auf Grund des Art. 1 Abs. I Ziff. 3 des Gesetzes über die Güterzertrümmerung vom 13. August 1910 wird die Bayerische Zentraldarlehenskasse, eingetragene Genossenschaft mit beschränkter Haftpflicht in München bei Verkäufen geschlossen bewirtschafteter landwirtschaftlicher Grundstücke an Güterhändler als vorkaufsberechtigt erklärt.

München, den 27. August 1910.

v. Brettreich.

---

3. Bekanntmachung, Vollzug des Güterzertrümmerungsgesetzes betr.

Vom 30. Dezember 1910 Nr. 6045a/115. (GVBl. 1911 S. 1).

K. Staatsministerium des Innern.

Auf Grund des Art. 1 Abs. I Ziff. 3 des Gesetzes über die Güterzertrümmerung vom 13. August 1910 wird die Landwirtschaftliche Zentralgenossenschaft des Bayerischen Bauernvereins für Ein- und Verkauf, eingetragene Genossenschaft mit beschränkter Haftung in Regensburg, bei Verkäufen geschlossen bewirtschafteter landwirtschaftlicher Grundstücke an Güterhändler als vorkaufsberechtigt erklärt.

München, den 30. Dezember 1910.

gez. Dr. v. Brettreich.

---

4. Ministerialentschließung, den Vollzug des Güterzertrümmerungsgesetzes betr.

Vom 27. August 1910 Nr. 6045a/85. (MABl. S. 537.)

K. Staatsministerium des Innern.

An die K. Regierungen, Kammern des Innern, und die Distriktsverwaltungsbehörden.

Das Güterzertrümmerungsgesetz und die Bekanntmachung betreffend den gewerbsmäßigen Handel mit ländlichen Grundstücken vom 24. ds. Mts. (GVBl. S. 627 und 633 ff.) weisen insbesondere den Distriktsverwaltungsbehörden eine Reihe neuer wichtiger Aufgaben zu, deren verständnisvoller Vollzug eine Voraussetzung für die günstige Wirkung des Gesetzes bildet.

Vor allem ist im Benehmen mit den Vertretungskörpern des landwirtschaftlichen Vereins und mit den genossenschaftlichen Organen dafür zu sorgen, daß die Landwirte über die Gründe, die zur Erlassung des Güterzertrümmerungsgesetzes führten, und über die Tragweite der Bestimmungen desselben eingehend belehrt werden. Anhaltspunkte dafür bieten die Kammerverhandlungen (Verh. d. K. d. Abg. 1909/10, StenBer. Bd. X S. 1035 ff., S. 1048 ff., Verh. d. K. d. R. R. 1909/10, StenBer. Bd. II S. 427 ff.).

Es ist wohl zu erwarten, daß ein Teil der Güterhändler nach Inkrafttreten des Gesetzes sich zunächst vom Güterhandel möglichst zurückhält oder unter Hinweis auf die für sie lästigen Bestimmungen des Gesetzes die Preise für Anwesen, die ihnen angeboten werden, zu drücken sucht. Hiedurch können in Gegenden, in denen keine Darlehenskassenvereine oder ländliche Genossenschaften Raiffeisenscher Organisation bestehen, für Landwirte, die genötigt sind, ihr Anwesen zu verkaufen, in der Übergangszeit Schwierigkeiten und Verluste entstehen. Solchen

Landwirten ist vor allem mit Umsicht und energisch an die Hand zu gehen; insbesondere wenn ein angemessener freihändiger Verkauf nicht durchführbar ist, sind sie darauf hinzuweisen, daß bei der Bayerischen Zentral-darlehenskasse in München eine eigene Abteilung für Güterverkäufe errichtet ist, die nicht nur den Darlehenskassenvereinen, sondern auch einzelnen Landwirten bei Durchführung von Güterzertrümmerungen mit Rat an die Hand geht und nötigenfalls solche Geschäfte auch selbst durchführt.

Die Landwirte sollen sich daher rechtzeitig bei beabsichtigter Zertrümmerung von Anwesen mit der genannten Abteilung ins Benehmen setzen.

Der Geschäftsbetrieb der Güterhändler ist fortgesetzt einer strengen Überwachung zu unterstellen. Bei Zuwiderhandlungen gegen das Gesetz oder bei versuchten Gesetzesumgehungen ist unnachsichtlich Strafeinschreitung herbeizuführen.

München, den 27. August 1910.

v. Brettreich.

---

5. Gesetz, betr. Ergänzung der Bestimmungen über den Wucher.

Vom 19. Juni 1893. (RGBl. S. 197.)

Artikel I.

In dem Strafgesetzbuch werden die §§ 302a und 302d folgendermaßen abgeändert, und werden hinter dem § 302d folgender § 302e und in dem § 367 hinter Nr. 15 folgende Nr. 16 eingestellt:

§ 302a. Wer unter Ausbeutung der Notlage, des Leichtsinns oder der Unerfahrenheit eines anderen mit Bezug auf ein Darlehn oder auf die Stundung einer Geldforderung oder auf ein anderes zweiseitiges Rechtsgeschäft, welches denselben wirtschaftlichen Zwecken dienen soll, sich oder einem Dritten Vermögensvorteile versprechen oder gewähren läßt, welche den üblichen Zinsfuß dergestalt überschreiten, daß nach den Umständen des Falles die Vermögensvorteile in auffälligem Mißverhältnis zu der Leistung stehen, wird wegen Wuchers mit Gefängnis bis zu sechs Monaten und zugleich mit Geldstrafe bis zu dreitausend Mark bestraft. Auch kann auf Verlust der bürgerlichen Ehrenrechte erkannt werden.

§ 302 d. Wer den Wucher (§§ 302 a bis 302 c) gewerbs- oder gewohnheitsmäßig betreibt, wird mit Gefängnis nicht unter drei Monaten und zugleich mit Geldstrafe von einhundertfünfzig bis zu fünfzehntausend Mark bestraft. Auch ist auf Verlust der bürgerlichen Ehrenrechte zu erkennen.

§ 302 e. Dieselbe Strafe (§ 302 d) trifft denjenigen, welcher mit Bezug auf ein Rechtsgeschäft anderer als der im § 302 a bezeichneten Art gewerbs- oder gewohnheitsmäßig unter Ausbeutung der Notlage, des Leichtsinns oder der Unerfahrenheit eines anderen sich oder einem Dritten Vermögensvorteile versprechen oder gewähren läßt, welche den Wert der Leistung dergestalt überschreiten, daß nach den Umständen des Falles die Vermögensvorteile in auffälligem Mißverhältnis zu der Leistung stehen.

§ 367. 16. wer den über das Abhalten von öffentlichen Versteigerungen und über das Verabfolgen geistiger Getränke vor und bei öffentlichen Versteigerungen erlassenen polizeilichen Anordnungen zuwiderhandelt.

Artikel II.

In dem Gesetze, betreffend den Wucher, vom 24. Mai 1880 (RGBl. S. 109) wird der Artikel 3 im ersten Absatz

und im ersten Satz des zweiten Absatzes folgendermaßen abgeändert und wird folgender Artikel 4 eingestellt:

Artikel 3.

Verträge, welche gegen die Vorschriften der §§ 302a, 302b, 302e des Strafgesetzbuchs verstoßen, sind ungültig.

Sämtliche von dem Schuldner oder für ihn geleisteten Vermögensvorteile (§§ 302a, 302e) müssen zurückgewährt und vom Tage des Empfanges an verzinst werden.....

Artikel 4.

Wer aus dem Betriebe von Geld- oder Kreditgeschäften ein Gewerbe macht, hat die Rechnung des Geschäftsjahres für jeden, welcher ein Geschäft der bezeichneten Art mit ihm abgeschlossen hat und daraus sein Schuldner geworden ist, abzuschließen und dem Schuldner binnen drei Monaten nach Schluß des Jahres einen schriftlichen Auszug dieser Rechnung mitzuteilen, der außer dem Ergebnis derselben auch erkennen läßt, wie solches erwachsen ist.

Wer sich dieser Verpflichtung vorsätzlich entzieht, wird mit Geldstrafe bis zu fünfhundert Mark oder mit Haft bestraft und verliert den Anspruch auf die Zinsen für das verflossene Jahr hinsichtlich der Geschäfte, welche in den Rechnungsauszug aufzunehmen waren.

Die vorstehenden Bestimmungen finden keine Anwendung:

1. wenn das Schuldverhältnis auf nur Einem während des abgelaufenen Geschäftsjahres abgeschlossenen Rechtsgeschäfte beruht, über dessen Entstehung und Ergebnis dem Schuldner eine schriftliche Mitteilung behändigt ist;

2. auf öffentliche Banken, Notenbanken, Bodenkreditinstitute und Hypothekenbanken auf Aktien, auf öffentliche Leihanstalten, auf Spar- und Darleihinstitute öffentlicher Korporationen und auf eingetragene Genossenschaften, soweit es sich bei den eingetragenen Genossenschaften um den Geschäftsverkehr mit den Mitgliedern handelt;
3. auf den Geschäftsverkehr zwischen Kaufleuten, deren Firma in das Handelsregister eingetragen ist.

Artikel III.

Der Absatz 3 Satz 1 des § 35 der Gewerbeordnung erhält folgende veränderte Fassung:

Dasselbe gilt von der gewerbsmäßigen Besorgung fremder Rechtsangelegenheiten und bei Behörden wahrzunehmender Geschäfte, insbesondere der Abfassung der darauf bezüglichen schriftlichen Aufsätze, von dem gewerbsmäßigen Betriebe der Viehverstellung (Viehpacht), des Viehhandels und des Handels mit ländlichen Grundstücken, von dem Geschäfte der gewerbsmäßigen Vermittelungsagenten für Immobiliarverträge, Darlehen und Heiraten, von dem Geschäfte eines Gesindevermieters und eines Stellenvermittlers, sowie vom Geschäfte eines Auktionators.

Urkundlich unter Unserer Höchsteigenhändigen Unterschrift und beigedrucktem Kaiserlichen Insiegel.

Gegeben Kiel, den 19. Juni 1893, an Bord M. Y. „Hohenzollern".

(L. S.) Wilhelm.

Graf von Caprivi.

6. Bekanntmachung, oberpolizeiliche Vorschrift über öffentliche Versteigerungen betreffend.

Vom 17. Oktober 1894 Nr. 18346. (GVBl. S. 588.)

K. Staatsministerium des Innern.

Auf Grund des § 367 Ziff. 16 des Reichsstrafgesetzbuches und der Allerhöchsten Verordnung vom 14. ds. Mts. die Zuständigkeit zur Erlassung polizeilicher Anordnungen über öffentliche Versteigerungen betr., wird nachstehende oberpolizeiliche Vorschrift erlassen:

§ 1. Es ist verboten, vor oder bei öffentlichen Versteigerungen den aus Anlaß derselben anwesenden Personen unentgeltlich oder unter Preisermäßigung geistige Getränke zu verabfolgen.

Das Verbot erstreckt sich auch auf sogenannte Vorversteigerungen.

§ 2. Die Erlassung weiterer oberpolizeilicher Vorschriften der K. Regierungen, Kammern des Innern, bzw. weiterer distriktspolizeilicher Anordnungen bleibt vorbehalten.

München, 17. Oktober 1894.

Frhr. v. Feilitzsch.

Der General-Sekretär:
Ministerialrat v. Koppelstätter.

7. Gebührengesetz Art. 261—268.

(GVBl. 1910 S. 311 ff)

III. Titel.

Öffentliche Mobiliarversteigerungen.

Art. 261. Öffentliche Versteigerungen von beweglichen Sachen und von Nutzungen, für welche nicht die sich auf Grundstücke beziehenden Vorschriften gelten, unterliegen einer Gebühr zu eins vom Hundert des erzielten Gesamterlöses.

Besteht der Preis in jährlich wiederkehrenden Leistungen, so finden auf die Wertsberechnung die Bestimmungen im Art. 189 entsprechende Anwendung.

Art. 262. Von der Gebühr sind befreit:

1. Versteigerungen für Rechnung der Reichs- oder Staatskasse;
2. Versteigerungen im Meß- und Marktverkehre;
3. Zwangsversteigerungen;
4. Versteigerungen forstwirtschaftlicher Produkte;
5. Versteigerungen landwirtschaftlicher Produkte; ausgenommen sind jene, welche anläßlich gewerbsmäßiger Güterzertrümmerungen vorgenommen werden, sowie diejenigen Weinversteigerungen, bei welchen der erzielte Gesamterlös den Betrag von 100 Mk. übersteigt;
6. Versteigerungen, welche im öffentlichen Auftrag oder von Vormündern zur Verwertung von Mündelgut vorgenommen werden.

Art. 263. Privatpersonen, welche eine Versteigerung vorzunehmen beabsichtigen, die nicht nach Art. 262 von der Gebühr befreit ist, haben spätestens zwei Tage vor deren Beginne dem Rentamt, in dessen Bezirke dieselbe stattfinden soll, Ort, Tag und Stunde des Beginns der Versteigerung schriftlich oder zu Protokoll anzuzeigen.

Wird die Versteigerung im Auftrag eines anderen vorgenommen, so ist gleichzeitig der Auftraggeber zu benennen.

Unter welchen Voraussetzungen öffentliche Bedienstete und Gemeindebeamte, welche öffentliche Versteigerungen vornehmen, hiervon dem Rentamte vorgängige Anzeige zu erstatten haben, wird von der Staatsregierung bestimmt.

Art. 264. Über jede Versteigerung, welche nicht nach Art. 262 von der Gebühr befreit ist, ist eine schriftliche Urkunde aufzunehmen, in welcher die zum Aufwurfe gebrachten Gegenstände und die hierfür erzielten Preise einzeln vorzutragen sind.

Wird die Erteilung des Zuschlags versagt oder vorbehalten, so ist dies in der Urkunde zu vermerken.

Die Versteigerungsurkunde ist von demjenigen, der die Versteigerung geleitet hat, unmittelbar nach deren Beendigung zur Bestätigung der Richtigkeit des Inhalts, unter Vortrag der Summe der erzielten Preise mit Ziffern und Worten, zu unterzeichnen und binnen längstens einer Woche dem einschlägigen Rentamt in Vorlage zu bringen.

Art. 265. Die Rentämter können zu jeder öffentlichen Mobiliarversteigerung einen Vertreter des Ärars abordnen, welcher ermächtigt ist, die vorschriftsmäßige Aufnahme der Versteigerungsurkunde zu kontrollieren.

Art. 266. Die Berechnung der Gebühr erfolgt aus der Summe der Zuschlagspreise.

Soweit der Zuschlag vorbehalten wurde, ist dessen Erteilung anzunehmen, wenn nicht binnen längstens zwei Wochen nach Beendigung der Versteigerung die Versagung des Zuschlags nachgewiesen wird.

Art. 267. Die Pflicht zur Entrichtung der Gebühr obliegt demjenigen, unter dessen Leitung die Versteigerung ausgeführt wurde.

Hat derselbe hierbei im Auftrag eines anderen gehandelt, so haften beide für die Entrichtung der Gebühr als Gesamtschuldner.

Art. 268. Einer Hinterziehung der Gebühr macht sich schuldig, wer

1. die im Art. 263 vorgeschriebene Anzeige nicht rechtzeitig erstattet oder
2. die vorschriftsmäßige Aufnahme oder rechtzeitige Vorlage der Versteigerungsurkunde (Art. 264) unterläßt oder
3. bezüglich der Versagung des Zuschlags (Art. 266 Abs. 2) wissentlich falsche Angaben macht.

Die Hinterziehung wird mit einer Geldstrafe geahndet, welche dem zehnfachen Betrage der hinterzogenen Gebühr gleichkommt, mindestens aber 30 Mark beträgt.

Läßt sich der Betrag der hinterzogenen Gebühr nicht ermitteln, so ist auf Geldstrafe von 30 bis 1000 Mark zu erkennen.

Im Falle des Art. 267 Abs. 2 haftet der Auftraggeber für die von dem Beauftragten zu entrichtende Geldstrafe nebst Kosten.

Ist jedoch anzunehmen, daß eine Gebührenhinterziehung nicht habe verübt werden können oder nicht beabsichtigt gewesen sei, so tritt nur Ordnungsstrafe bis zu 30 Mark ein.

---

8. Gewerbeordnung für das Deutsche Reich.[1]

§ 35. I Die Erteilung von Tanz-, Turn- und Schwimmunterricht als Gewerbe sowie der Betrieb von Badeanstalten ist zu untersagen, wenn Tatsachen vorliegen, welche die Unzuverlässigkeit des Gewerbetreibenden in bezug auf diesen Gewerbebetrieb dartun.

II Unter derselben Voraussetzung sind zu untersagen: der Handel mit lebenden Vögeln, der Trödelhandel (Handel mit gebrauchten Kleidern, gebrauchten Betten oder gebrauchter Wäsche, Kleinhandel mit altem Metallgeräte, mit Metallbruch oder dergleichen) sowie der Kleinhandel mit Garnabfällen oder Dräumen von Seide, Wolle, Baumwolle oder Leinen, der Handel mit Dynamit oder anderen Sprengstoffen und der Handel mit Losen von Lotterien und Ausspielungen oder mit Bezugs- und Anteilsscheinen auf solche Lose.

Dasselbe gilt von der gewerbsmäßigen Besorgung fremder Rechtsangelegenheiten und bei Behörden wahrzunehmender Geschäfte, insbesondere der Abfassung der darauf bezüglichen schriftlichen Aufsätze, von der gewerbsmäßigen Auskunfterteilung über Vermögensverhältnisse oder persönliche Angelegenheiten, von dem gewerbsmäßigen Betriebe der Viehverstellung (Viehpacht), des Viehhandels und des Handels mit ländlichen Grundstücken, von dem Geschäfte der gewerbsmäßigen Vermittlungsagenten für Immobiliarverträge, Darlehen und Heiraten sowie vom Geschäfte eines Auktionators. Denjenigen, welche gewerbsmäßig das Geschäft eines Auktionators betreiben, ist es verboten, Immobilien zu versteigern, wenn sie nicht von den dazu befugten Staats- oder Kommunalbehörden oder Korporationen als solche angestellt sind.

2c. 2c.

Personen, welche die in diesem Paragraphen bezeichneten Gewerbe beginnen, haben bei Eröffnung ihres Gewerbebetriebes der zuständigen Behörde hiervon Anzeige zu machen.

§ 38. Die Zentralbehörden sind befugt, über den Umfang der Befugnisse und Verpflichtungen, sowie über den Geschäftsbetrieb der Pfandleiher, Pfandvermittler, Gesindevermieter, Stellenvermittler und Auktionatoren, soweit darüber die Landesgesetze nicht Bestimmungen treffen, Vorschriften zu erlassen.

Die in dieser Beziehung hinsichtlich der Pfandleiher bestehenden landesgesetzlichen Bestimmungen finden auf den in § 34 Abs. 2 bezeichneten Geschäftsbetrieb Anwendung. Soweit es sich um diesen Geschäftsbetrieb handelt, gilt die Zahlung des Kaufpreises als Hingabe des Darlehens, der Unterschied zwischen dem Kaufpreis und dem verabredeten Rückkaufpreis als bedungene Vergütung für das Darleben und die Übergabe der Sache als Verpfändung derselben für das Darlehen.

Hinsichtlich der Gesindevermieter und Stellenvermittler sind die Zentralbehörden insbesondere befugt, die Ausübung des Gewerbes im Umherziehen sowie die gleichzeitige Ausübung des Gast- und Schankwirtschaftsgewerbes zu beschränken oder zu untersagen.

Die Zentralbehörden sind ferner befugt, Vorschriften darüber zu erlassen, in welcher Weise die in § 35 Abs. 2, 3 verzeichneten Gewerbetreibenden ihre Bücher zu führen und welcher polizeilichen Kontrolle über den Umfang und die Art ihres Geschäftsbetriebes sie sich zu unterwerfen haben.

1. Vollzugsbekanntmachung hiezu siehe oben S. 120 Anm. 1.

---

9. Gesetz, die Fortsetzung der Grundentlastung betr.

Vom 2. Februar 1898 (GVBl. S. 19) u. vom 16. August 1908 (GVBl. S. 521).

Art. 19. Wird ein landwirtschaftlicher Gutskomplex durch einen gewerbsmäßigen Händler mit ländlichen Grundstücken, gleichviel ob im eigenen Namen oder in Vollmacht eines anderen, zertrümmert, so müssen die sämtlichen auf dem zu zertrümmernden Anwesen oder dessen einzelnen Bestandteilen lastenden Bodenzinse von dem Güterhändler abgelöst werden. Darüber, ob jene Voraussetzungen gegeben sind, entscheidet im Streitfalle die Distriktsverwaltungsbehörde, in deren Bezirk der Gutskomplex liegt, in erster, der K. Verwaltungsgerichtshof in zweiter und letzter Instanz.

Der Güterhändler ist verpflichtet, bevor er eine Gutszertrümmerung durchführt, dem Rentamte, in dessen Bezirke der Gutskomplex liegt, Anzeige zu erstatten; das Rentamt hat sodann die Ablösungsschuldigkeit zu berechnen und von dem Güterhändler einzuziehen. Unterläßt dieser die Anzeige, so verfällt er in eine Geldstrafe, welche dem ein- bis dreifachen Betrage der Ablösungsschuldigkeit gleichkommt.

Von der Verpflichtung zur Ablösung der Bodenzinse nach Abs. 1 und zur Anzeigeerstattung an das Rentamt sind die gemeinnützigen ländlichen Darlehenskassenvereine befreit. Ein Darlehenskassenverein gilt als gemeinnützig nicht, wenn satzungsgemäß die Einzahlungen der Mitglieder mit mehr als fünf vom Hundert verzinst werden oder den Mitgliedern im Falle der Auflösung des Vereins mehr als die Einzahlungen ausgeantwortet wird.

Einschlägige Entscheidungen des Verwaltungsgerichtshofes.

Samml. Bd. XIX Seite 72.

Art. 19 Abs. 1 des Gesetzes vom 2. Februar 1898 über Fortsetzung der Grundentlastung kommt bei jeder nach der Veröffentlichung des Gesetzes, d. i. der am 7. Februar 1898 erfolgten Herausgabe des Gesetz- und Verordnungsblattes stattgehabten Zertrümmerung eines wenn auch schon vor der Veröffentlichung des Gesetzes erworbenen und teilweise veräußerten Gutskomplexes zur Anwendung.

Seite 294.

Als gewerbsmäßiger Händler mit ländlichen Grundstücken ist derjenige zu erachten, welcher wiederholt Erwerbs- und Veräußerungshandlungen tatsächlich vorgenommen hat, wenn auch die Absicht auf einen dauernden Geschäftsbetrieb nicht damit verbunden war.

Ob die Voraussetzungen eines gewerbsmäßigen Güterhandels vorliegen, ist Tatfrage, zu deren Feststellung die An- und Abmeldung beim Rentamte oder der Polizeibehörde nicht allein maßgebend ist.

Samml. Bd. XX Seite 64.

Bei der Zertrümmerung eines landwirtschaftlichen Gutskomplexes durch einen gewerbsmäßigen Händler mit ländlichen Grundstücken ist ein Streitfall erst dann gegeben, wenn das Rentamt gegen den Güterhändler einen Anspruch auf Ablösung von Bodenzinsen erhoben hat und dieser von dem Güterhändler bestritten wird.

Seite 129.

Die Voraussetzungen des Art. 19 Abs. 1 des Gesetzes vom 2. Februar 1898, die Fortsetzung der Grundentlastung betr., für die Verpflichtung zur Bodenzinsablösung sind auch dann gegeben, wenn neben einem gewerbsmäßigen Händler mit ländlichen Grundstücken an der Vornahme der Zertrümmerung auch Personen beteiligt sind, welche keine gewerbsmäßigen Güterhändler sind.

Samml. Bd. XXI Seite 42.

Auch Terraingesellschaften, welche als gewerbsmäßige Händler mit ländlichen Grundstücken landwirtschaftliche Gutskomplexe zertrümmern, sind zur Ablösung der auf diesen Komplexen lastenden Bodenzinse verpflichtet.

Samml. Bd. XXII Seite 29.

Die Verpflichtung zur Ablösung der Bodenzinse ist auch dann gegeben, wenn die von einem gewerbsmäßigen Händler mit ländlichen Grundstücken ohne rechtsförmliche Vollmacht im Namen eines anderen abgeschlossenen Verträge über Veräußerungen von Teilflächen aus einem zu zertrümmernden landwirtschaftlichen Gutskomplexe erst nachträglich von dem Grundeigentümer genehmigt werden.

Seite 73.

Die Voraussetzungen für die Verpflichtung zur Bodenzinsablösung nach Art. 19 Abs. 1 des Gesetzes vom 2. Februar 1898, die Fortsetzung der Grundentlastung betr., können auch dann gegeben sein, wenn nicht der gewerbsmäßige Händler mit ländlichen Grundstücken selbst, sondern ein Dritter die notarielle Verlautbarung der Grundstückveräußerungen vornehmen ließ.

Samml. Bd. XXIII Seite 195.

Die Anwendbarkeit des Art. 19 Abs. 1 des Gesetzes vom 2. Februar 1898 ist auch dann nicht ausgeschlossen, wenn ein gewerbsmäßiger Güterhändler zur Umgehung dieser Gesetzesbestimmung für die Verlautbarung eines Kauf- und Zertrümmerungsgeschäftes eine andere Person als Käufer und Zertrümmerer vorschiebt, selbst aber als eigentlicher Geschäftsherr erscheint.

Seite 223.

Als ein Gutskomplex im Sinne des Art. 19 Abs. 1 des Gesetzes vom 2. Februar 1898 kann auch ein kleines Anwesen erachtet werden.

Außerdem kommt auch in dieser Entscheidung der Begriff des gewerbsmäßigen Güterhandels zur Erörterung.

Samml. Bd. XXIV Seite 121.

Als gewerbsmäßiger Güterhändler ist auch diejenige Person zu erachten, welche im eigenen Namen, aber in länger fortdauernder geschäftlicher Verbindung mit einem gewerbsmäßigen Güterhändler als stillem Gesellschafter und auf gemeinschaftliche Rechnung mit diesem die Zertrümmerung eines landwirtschaftlichen Gutskomplexes vornimmt.

Zur Annahme eines gewerbsmäßigen Güterhandels genügt schon eine Mehrzahl von Erwerbs- und Veräußerungsgeschäften zum Zwecke der Gewinnerzielung, auch wenn ein dauernder Gewerbebetrieb nicht beabsichtigt ist.

Seite 167.

Die Zertrümmerung eines landwirtschaftlichen Gutskomplexes liegt auch dann vor, wenn die Grundstücke von dem dazu gehörigen häuslichen Anwesen im ganzen weg-verkauft werden.

Auch derjenige, welcher an den Ergebnissen des Geschäftes eines gewerbsmäßigen Händlers mit ländlichen Grundstücken als stiller Gesellschafter beteiligt ist, ist als ein gewerbsmäßiger Güterhändler zu erachten.

Seite 190.

Wenn ein Landwirt sein bisher selbst bewirtschaftetes Anwesen parzellenweise, aber nicht in gewerbsmäßiger Handelstätigkeit veräußert und sich hierbei der Vermittlung eines gewerbsmäßigen Güterhändlers bedient, ohne daß letzterer zum Verkaufsabschlusse und zur Vertretung des Eigentümers bei der notariellen Verbriefung bevollmächtigt ist, so ist der Güterhändler für diese Zertrümmerung nicht ablösungspflichtig, soferne er nicht nach besonderer Sachlage als stiller Geschäftsteilhaber erscheint.

Seite 292.

Zum Begriffe „landwirtschaftlicher Gutskomplex" im Sinne des Art. 19 Abs. 1 des Gesetzes vom 2. Februar 1898, die Fortsetzung der Grundentlastung betr., ist zwar nicht erforderlich, daß die einzelnen landwirtschaftlichen Grundstücke räumlich zusammenhängen, wohl aber, daß dieselben als zu einem landwirtschaftlichen Wohn- und Wirtschaftsgebäude gehörig zu erachten sind.

Seite 510.

Die nachträgliche Genehmigung einer Anwesenszertrümmerung, welche ein gewerbsmäßiger Händler mit ländlichen Grundstücken ohne Vollmacht, aber in Vertretung eines anderen vor dem Notar beurkunden ließ, durch diesen anderen ist im Hinblick auf die Bestimmungen des bürgerlichen Gesetzbuches der vorgängigen Vollmachterteilung im Sinne des Art. 19 Abs. 1 des Gesetzes vom 2. Februar 1898 gleichzuachten.

Um die Anwendbarkeit des Art. 19 Abs. 1 des angeführten Gesetzes zu begründen, muß der „andere", für welchen der Güterhändler handelt, nicht selbst gewerbsmäßiger Händler mit ländlichen Grundstücken sein.

Belanglos ist es, ob der Güterhändler für die betreffende Zertrümmerung besonders entlohnt worden ist.

Samml. Bd. XXIX Seite 74.

Eine Zertrümmerung eines landwirtschaftlichen Gutskomplexes durch einen gewerbsmäßigen Händler mit ländlichen Grundstücken ist auch dann anzunehmen, wenn dieser von dem Eigentümer des Anwesens nur die landwirtschaftlichen Grundstücke erwirbt und zertrümmert, während das zu demselben gehörige Wohn- und Oekonomiegebäude seitens eines Dritten in Vereinbarung mit dem Güterhändler direkt von dem Anwesenseigentümer erworben wird.

Art. 20. Die Zuständigkeit und das Verfahren bei einer Zuwiderhandlung nach Art. 19 Abs. 2 des gegenwärtigen Gesetzes richtet sich nach den allgemeinen Vorschriften des Reichsgerichtsverfassungsgesetzes und der Reichsstrafprozeßordnung.

Hinsichtlich des Verfahrens im Verwaltungswege finden die Vorschriften in Art. 86, 87 Abs. 1, Art. 88 Abs. 1, Art. 89 Abs. 1—3 und Abs. 5, Art. 90, 91 und 92 Abs. 2 des Gesetzes zur Ausführung der Reichsstrafprozeßordnung [1] entsprechende Anwendung mit der Maßgabe, daß an Stelle der Zollbehörden hier die Rentämter zu treten haben.

Die Strafverfolgung von Zuwiderhandlungen nach Art. 19 Abs. 2 des gegenwärtigen Gesetzes verjährt in drei Jahren; die Vollstreckung der rechtskräftig ausgesprochenen Strafen verjährt in fünf Jahren.

1. „**Art.** 86. Das Verfahren im Verwaltungswege richtet sich nach den §§ 459—463 der Reichsstrafprozeßordnung und den nachstehenden weiteren Bestimmungen.

Art. 87. I. Die vorläufige Feststellung des Tatbestandes bei Entdeckung einer strafbaren Zuwiderhandlung gegen die Zollgesetze erfolgt durch die Zollbehörden.

II. — — —

Art. 88. I. Zu dem in Art. 87 Abs. 1 bezeichneten Zwecke kann die Zollbehörde Ermittelungen jeder Art mit Ausschluß eidlicher Vernehmungen vornehmen.

II. — — —

Art. 89. I. Der Strafbescheid wird dem amtsanwesenden Beschuldigten zu Protokoll eröffnet, andernfalls durch Zustellung bekannt gemacht.

II. Die Zustellung erfolgt durch Bedienstete der Zollbehörde oder durch Vermittlung der Ortspolizeibehörde oder durch die Post gegen schriftliche Bestätigung des Empfanges durch den Beschuldigten.

III. Verweigert der Beschuldigte die unterschriftliche Bestätigung der mündlichen Eröffnung zu Protokoll oder im Falle der Zustellung die schriftliche Bestätigung des Empfanges, so gilt der Strafbescheid als nicht erlassen.

IV. — — —

V. Eine Beschwerde gegen den Strafbescheid an die höhere Verwaltungsbehörde findet nicht statt.

Art. 90. I. Ein Strafbescheid, gegen welchen nicht rechtzeitig auf gerichtliche Entscheidung angetragen wird, erlangt die Wirkung eines rechtskräftigen Urteils.

II. Die gleiche Wirkung tritt ein, wenn der Antrag des Beschuldigten auf gerichtliche Entscheidung von demselben vor dem Beginne der Hauptverhandlung zurückgenommen wird.

III. Solange ein Strafbescheid noch nicht erlassen ist, kann die Zollbehörde in allen Fällen sich der Entscheidung enthalten und die Einleitung des gerichtlichen Verfahrens veranlassen.

Art. 91. I. Der Beschuldigte, welcher sich bei dem ergangenen Strafbescheide beruhigt, hat auch die Kosten des Verfahrens im Verwaltungswege zu tragen.

II. Ebenso fallen dem Beschuldigten, welcher zu einer Strafe gerichtlich verurteilt wird, die baren Auslagen zur Last, welche durch das Verfahren im Verwaltungswege entstanden sind.

III. Im Falle der Zurücknahme des Antrages auf gerichtliche Entscheidung treffen den Beschuldigten auch die bis dahin entstandenen Kosten des gerichtlichen Verfahrens.

IV. Die Kosten der besonderen Vertretung der Zollbehörde vor Gericht können dem Beschuldigten niemals überbürdet werden.

Art. 92. (I. Die Veräußerung 2c. 2c. wird 2c. 2c. durch die Zollbehörde bewirkt.)

II. Ebenso erfolgt durch dieselbe die Vollstreckung von rechtskräftigen Strafbescheiden auf dem Wege des administrativen Zwangsvollzuges.

---

10. Bekanntmachung, den Vollzug des Gesetzes über die Fortsetzung der Grundentlastung betreffend

vom 19. Februar 1898 Nr. 3234. (MABl. S. 66.)

K. Staatsministerium des Innern.

Nachstehend folgt Abdruck der Ziff. 15, 16 und 20 der Bekanntmachung des K. Staatsministeriums der Finanzen vom 5. lfd. Mts. Nr. 2701, den Vollzug des Gesetzes über die Fortsetzung der Grundentlastung betreffend (FinMBl. S. 31 ff.) zur Kenntnisnahme und geeigneten Beachtung bei dem Vollzuge der Art. 19 und 21 des bezeichneten Gesetzes vom 2. lfd. Mts. (GVBl. S. 19).

Hiezu wird Nachstehendes verfügt:

1. Im Hinblicke auf Ziff. 15 Abs. IV der zit. Ministerialbekanntmachung haben die Distriktsverwaltungsbehörden den K. Rentämtern jeweils Mitteilung über die jenen auf Grund der Bestimmung in Ziff. 6 der Bekanntmachung vom 1. Januar 1894 (GVBl. S. 12) zukommenden Anzeigen zu erstatten und auf Ansuchen auch Einsicht in das Verzeichnis der gewerbsmäßigen Güterhändler zu gewähren.

2. Auf das Verfahren für die Entscheidung der Streitigkeiten nach Art. 19 Abs. I des Gesetzes vom 2. lfd. Mts.

finden zufolge der dort festgesetzten Zuständigkeit die Bestimmungen über das Verfahren in Verwaltungsrechtssachen entsprechende Anwendung. Der ergehende Bescheid ist außer dem Güterhändler und event. seinem Vollmachtgeber auch dem betreffenden Regierungsfiskalate zuzustellen.

3. Die Entscheidung der Frage, ob ein Grundstück dauernd dem landwirtschaftlichen Betriebe entzogen wird, nach Art. 21 Abs. I des Gesetzes vom 2. lfd. Mts., erfolgt nach den für das Verfahren in Verwaltungssachen im allgemeinen maßgebenden Bestimmungen und Grundsätzen. Die zu erlassende Entscheidung ist außer dem Ablösungspflichtigen dem betreffenden Regierungsfiskalate gegen Nachweis zu eröffnen.

4. Sobald der Entscheid in den bei Ziff. 2 und 3 erwähnten Fällen rechtskräftig geworden ist, hat die Distriktsverwaltungsbehörde das beteiligte K. Rentamt geeignet in Kenntnis zu setzen.

München, den 19. Februar 1898.

Frhr v. Feilitzsch.

Nr. 2701. **Abdruck.**

Bekanntmachung.

Den Vollzug des Gesetzes über die Fortsetzung der Grundentlastung betreffend.

K. Staatsministerium der Finanzen.

1. bis 14. . . . .

15. In den Art. 19 und 21 führt das Gesetz nach zwei Richtungen eine Zwangsverbindlichkeit zur Ablösung der Bodenzinse ein. Nach der ersteren Bestimmung haben gewerbsmäßige Güterhändler, bevor sie die Zertrümmerung eines landwirtschaftlichen Gutskomplexes durchführen, so-

hin bevor die Verträge mit den einzelnen Käufern notariell verlautbart werden, Anzeige an das einschlägige Rentamt zu erstatten, welches sodann die Ablösungsschuldigkeit zu berechnen und einzuheben hat. Unterläßt der Güterhändler diese Anzeige, so unterliegt er der in Art. 19 Abs. 2 angedrohten Strafe. Werden die Gutszertrümmerungsanträge notariell verlautbart, ohne daß vorher die Ablösung der Bodenzinse durch den Güterhändler stattgefunden hat, so bleiben — unbeschadet der Verpflichtung des letzteren zur Bezahlung des Ablösungskapitales — die Grundstücke vorerst mit den hierauf treffenden Bodenzinsen belastet und die jeweiligen Besitzer für die Fortentrichtung der jährlichen Bodenzinse haftbar. Wer sohin von einem gewerbsmäßigen Güterhändler ein Grundstück kauft, hat das größte Interesse sich zu vergewissern, ob die Ablösung der Bodenzinse vorschriftsmäßig stattgefunden hat. Hiezu bietet das Gesetz in Art. 18 Abs. 2 die entsprechende Handhabe; denn hienach haben die Notare den Inhalt des von ihnen dem Verkäufer abzufordernden rentamtlichen Zeugnisses über die Belastungsverhältnisse der Urkunde beizuheften oder dessen Inhalt in den Urkunden zu vermerken. Unterlassen es die Käufer darauf zu bestehen, daß ein Zeugnis über die Lastenfreiheit vor der notariellen Verlautbarung beigebracht werde, so haben sie es sich selbst zuzuschreiben, wenn sie, insolange bis die Ablösungsschuldigkeit von dem Güterhändler beigetrieben ist, für die Entrichtung der Bodenzinse haftbar bleiben.

Bestreitet derjenige, von welchem das Rentamt die Bodenzinsablösung auf Grund des Art. 19 fordert, seine Eigenschaft als eines gewerbsmäßigen Güterhändlers oder das Vorliegen der Zertrümmerung eines landwirtschaftlichen Gutskomplexes, so ist die Entscheidung auf dem in Art. 19 Abs. 1 bezeichneten Instanzenzuge herbeizuführen.

Die Erlassung besonderer Bestimmungen über das Verfahren bleibt dem K. Staatsministerium des Innern vorbehalten.

Macht das Rentamt die Wahrnehmung, daß ein gewerbsmäßiger Güterhändler die vorgeschriebene Anzeige unterlassen hat, so hat dasselbe mit der Strafeinschreitung vorzugehen. Die Vorschriften über die Zuständigkeit und das Verfahren bei einer strafbaren Zuwiderhandlung nach Art. 19 Abs. 2 sind im Art. 20 enthalten. Hienach hat zunächst das Verfahren im Verwaltungswege einzutreten, bezüglich dessen auf Abs. 2 dieses Artikels hingewiesen wird. Im übrigen haben die Bestimmungen in §§ 8 mit 16 der Bekanntmachung vom 30. September 1881, die Vorschriften über die Behandlung der Straffälle bei Zuwiderhandlungen gegen die Steuergesetze betreffend (FinMBl. S. 355 ff.) sinngemäße Anwendung zu finden. An Stelle der Vorschrift in § 13 Abs. 2 dieser Bekanntmachung wird jedoch angeordnet, daß die beigetriebenen oder eingezahlten Beträge zunächst auf die verwirkte Strafe und sodann auf die Kosten des Verfahrens zu verrechnen sind.

Darüber, welche Personen als gewerbsmäßige Güterhändler zu erachten seien, werden die Rentämter im allgemeinen um so weniger in Zweifel sein, als die gewerbsmäßigen Güterhandelsgeschäfte der Gewerbesteuerpflicht unterliegen. Das unterfertigte K. Staatsministerium behält sich übrigens vor, mit dem K. Staatsministerium des Innern ins Benehmen zu treten, damit die Rentämter seitens der Distriktsverwaltungsbehörden Mitteilung über die den letzteren auf Grund der Bestimmung in Ziff. 6 der Bekanntmachung vom 1. Januar 1894 (GVBl. S. 12) zukommenden Anzeigen erhalten.

Erläuternd wird bemerkt, daß die Ablösungspflicht nicht bloß dann eintritt, wenn der Güterhändler Eigentümer des zu zertrümmernden landwirtschaftlichen Gutskomplexes ist, sondern auch dann, wenn er in Vollmacht des Besitzers handelt und daß die Ablösungsverpflichtung nur den gewerbsmäßigen Güterhändler trifft. Wird das Geschäft von Personen besorgt, welche den Handel mit ländlichen Grundstücken nicht als Gewerbe betreiben, so tritt für diese die Ablösungspflicht nicht ein. Dies gilt insbesondere auch von Darlehenskassen oder Raiffeisenvereinen, wenn sie für ein Mitglied oder Nichtmitglied, in der eigenen oder einer Nachbargemeinde die Zertrümmerung eines Anwesens im Interesse des Besitzers desselben übernehmen.

16. Die Ablösungspflicht nach Art. 21 soll auf Verlangen des Rentamts bei Grundstücken eintreten, welche dauernd dem landwirtschaftlichen Betriebe entzogen werden. Hierunter fallen vorzugsweise Bauten, sei es für Wohnzwecke, sei es für Fabriken oder sonstige gewerbliche Anlagen; in ersterer Beziehung kommen die Erweiterung der Städte, Villenbauten auf dem Lande oder Adaptierung von landwirtschaftlichen Wohngebäuden zu Wohnungszwecken für Städter in Betracht. Auch bei dem Baue von Eisenbahnen, der Herstellung von dem Sporte dienenden Anlagen 2c. kann die Ablösungspflicht nach Art. 21 in Frage kommen. Dagegen kann die Ablösung der Bodenzinse nicht wegen der Erbauung von Gebäulichkeiten verlangt werden, welche für den landwirtschaftlichen Betrieb eines Anwesens notwendig oder nützlich sind, z. B. von Scheunen, Stallungen 2c.; sie kann ferner nicht deswegen verlangt werden, weil ein Grundstück durch Naturereignisse seine Leistungsfähigkeit verloren hat.

Das Gesetz schreibt die Ablösung nicht unbedingt vor, sondern macht dieselbe von dem Verlangen des Rentamts abhängig, da in einzelnen Fällen das Bestehen auf der Ablösung eine Härte in sich schließen könnte (cf. StenBer. d. Verhdl. d. Kammer d. Abg.

Nr. 350 Bd. 10 S. 201). Die Rentämter haben in den Fällen, in welchen sie es für gerechtfertigt erachten, auf dem Verlangen der Ablösung nicht zu bestehen, vorerst Anfragebericht an die K. Regierungsfinanzkammer zu erstatten. Die äußere Veranlassung zur Erwägung der Inanspruchnahme der Ablösungspflicht werden die Rentämter in den gemeindlichen Neubauten-Anzeigen oder in sonstigen amtlichen Wahrnehmungen finden.

Wird von dem Pflichtigen bestritten, daß das Grundstück dauernd dem landwirtschaftlichen Betriebe entzogen sei, so hat derselbe die Entscheidung auf dem in Art. 21 Abs. 1 angeführten Instanzenzuge herbeizuführen. Die Erlassung besonderer Bestimmungen über das Verfahren bleibt dem K. Staatsministerium des Innern vorbehalten.

17. bis 19. . . . .

20. Nach Art. 26 treten die Bestimmungen in Art. 19 bis 21 im Gegensatze zu dem übrigen Inhalte des Gesetzes erst mit dem Tage der Veröffentlichung des letzteren in Kraft. Es kann daher die in den Artikeln 19 und 21 begründete Ablösungspflicht nicht wegen Vorgängen, welche in einem früheren Zeitpunkte stattfanden, in Anspruch genommen werden; insbesondere kann die Bodenzins-Ablösung nicht für Gutszertrümmerungen, welche vor dem bezeichneten Tage notariell verlautbart wurden, oder bezüglich der Grundstücke, welche bei dem Erscheinen des Gesetzes dem landwirtschaftlichen Betriebe schon entzogen waren, verlangt werden. —

Über den Vollzug der Aufträge unter Ziff. 2, 4, 7 und 13 ist bis 1. Oktober lfd. Js. summarische Anzeige zu erstatten.

München, den 5. Februar 1898.

Dr. Frhr. von Riedel.

11. Gesetz, betreffend die Abänderung des Forstgesetzes.

Vom 26. Februar 1908. (GVBl. S. 85.)

§ 1.

Nach dem Art. 42 werden folgende Vorschriften eingestellt:

Art. 42 a. Wenn ein gewerbsmäßiger Händler[1]) mit ländlichen Grundstücken im eigenen Namen oder als Vertreter eines anderen ein Waldgrundstück erwirbt oder veräußert, so hat er hievon binnen acht Tagen nach dem Abschlusse des Vertrags der Distriktsverwaltungsbehörde, in deren Bezirk das Waldgrundstück gelegen ist, Anzeige zu erstatten.

Die Anzeige hat zu enthalten:

a) die Bezeichnung des Waldgrundstücks nach der Steuergemeinde, der Plannummer, dem Namen und der Fläche;

b) Namen, Stand und Wohnort des Veräußerers und des Erwerbers des Waldgrundstücks;

c) ob das Grundstück mit dem Holz auf dem Stamme oder ohne dieses veräußert worden ist.

Art. 42 b. Wenn ein gewerbsmäßiger Händler[1]) mit ländlichen Grundstücken im eigenen Namen oder als Vertreter eines anderen ein Waldgrundstück erworben oder veräußert hat und der Güterhändler oder derjenige, für welchen er es erworben, oder derjenige, an welchen er es veräußert hat, den Wald ganz oder teilweise abholzen oder eine der Abholzung in der Wirkung gleichkommende Lichthauung vornehmen will, so ist zur Abholzung oder Lichthauung forstpolizeiliche Genehmigung erforderlich.

[1]) Vgl. Urteil des Obersten Landesgerichts vom 23. Okt. 1909. MABl. S. 1099.

Die Forstpolizeibehörde hat die Genehmigung von der Erfüllung der zur Sicherung der Wiederaufforstung erforderlichen Bedingungen abhängig zu machen, insbesondere das Maß der zulässigen Lichthauung zu bestimmen und für die Kosten der Wiederaufforstung Sicherheitsleistung zu verlangen. Sie darf jedoch die Genehmigung nicht versagen, wenn die Wiederaufforstung hinreichend gesichert ist. Bei Jungholzbeständen des Hochwaldbetriebes ist die Genehmigung in der Regel zu versagen, wenn nicht mindestens 75 Prozent der Stämme auf Brusthöhe eine Stärke von 12 cm besitzen.

Für die Sicherheit gelten die Vorschriften der §§ 232 bis 240 des Bürgerlichen Gesetzbuchs. Die geleistete Sicherheit ist zurückzugeben, wenn die Wiederaufforstung hinreichend gesichert ist.

Die Forstpolizeibehörde hat sich vor der Erteilung oder Versagung der Genehmigung mit dem Forstamte zu benehmen.

Art. 42c. Die Vorschriften der Art. 42a und 42b finden auch Anwendung, wenn ein gewerbsmäßiger Händler[1]) mit ländlichen Grundstücken lediglich den Holzbestand eines Waldgrundstücks erwirbt oder veräußert.

§ 2.

Im Art. 75 Abs. 1 werden nach den Worten „oder wer dem Verbote der Abschwendung zuwiderhandelt" die Worte eingestellt:

„oder wer ohne die nach dem Art. 42b oder 42c erforderliche Genehmigung mit der Abholzung oder einer der Abholzung in der Wirkung gleichkommenden Lichthauung beginnt oder bei der Abholzung oder Lichthauung den auferlegten Bedingungen zuwiderhandelt."

---

[1]) Vgl. Urteile des Obersten Landesgerichts vom 23. Okt. 1909 (MABl. S. 1099) und vom 6. Nov. 1909 (MABl. S. 1101).

§ 3.

Als Art. 76 a wird folgende Vorschrift eingestellt:

„Wer die im Art. 42 a oder 42 c vorgeschriebene Anzeige unterläßt, verfällt in eine Geldstrafe bis zu einhundertfünfzig Mark."

§ 4.

Der Art. 77 erhält folgenden Abs. 3:

„Wer einen Wald ganz oder teilweise abgeholzt oder eine der Abholzung in der Wirkung gleichkommende Lichthauung vorgenommen hat, so daß eine nach Art. 42 aufzuforstende Waldblöße entsteht, haftet dem Staate für die Kosten der vom Forstamte bewirkten Wiederaufforstung auch dann, wenn er nach dem Abs. 1 nicht strafbar ist; der Anspruch des Staates verjährt in fünf Jahren von der Entstehung der Waldblöße an. Die gleiche Haftung trifft denjenigen, welcher eine nach Art. 42 aufzuforstende Waldblöße erwirbt; die Verjährungsfrist berechnet sich vom Erwerbe an."

§ 5.

Im Art. 78 Abs. 1 werden nach dem Worte „Abschwendung" die Worte eingestellt:

„oder einer nach Art. 42 b oder 42 c unerlaubten Abholzung oder ihr in der Wirkung gleichkommenden Lichthauung."

Gegeben zu München, den 26. Februar 1908.

Luitpold,
Prinz von Bayern,
des Königreichs Bayern Verweser.

Dr. Frhr. v. Podewils. v. Miltner. Dr. v. Wehner.
v. Frauendorfer. v. Pfaff. Frhr. v. Horn.
v. Brettreich.

Auf Allerhöchsten Befehl:
Der Oberregierungsrat
im K. Staatsministerium des Innern:
Knözinger.

12. Bekanntmachung, den Vollzug des Gesetzes vom 26. Februar 1908 (Gesetz- und Verordnungsblatt S. 87) über die Abänderung des Forstgesetzes betreffend

vom 4. April 1908. (GVBl. S. 256.)

K. Staatsministerium der Justiz, K. Staatsministerium des Innern, K. Staatsministerium der Finanzen.

Das Forstgesetz in der Fassung vom 4. Juli 1896 (Gesetz- und Verordnungsblatt S. 325) will die der Holzzucht zugewendeten Grundstücke in dieser Nutzungsart erhalten und schreibt in Art. 42 — abgesehen von den Fällen, in denen die Rodung gemäß Art. 34 erlaubt wird — die Wiederaufforstung abgeholzter Waldflächen vor.

Das Gesetz vom 26. Februar 1908 (Gesetz- und Verordnungsblatt S. 87) bezweckt, unter besonderer Berücksichtigung der den Privatwaldungen durch den Betrieb des gewerbsmäßigen Güterhandels zugefügten Schäden, den bei dem Vollzug der Vorschriften des Art. 42 des Forstgesetzes aufgetretenen Schwierigkeiten zu begegnen und die Jungholzbestände des Hochwaldbetriebes vor der Verwüstung zu schützen.

Die Anwendung der Forstgesetznovelle vom 26. Februar 1908 ist wie die des Forstgesetzes auf die Landesteile rechts des Rheins beschränkt.

Für den Vollzug der einzelnen Bestimmungen werden folgende Gesichtspunkte aufgestellt:

I. Zu § 1, Art. 42a.

1. Der Art. 42a nimmt die bisher in der Ministerialbekanntmachung vom 3. Oktober 1899 (Gesetz- und Verordnungsblatt S. 844) vorgeschriebene Anzeigepflicht auf und dehnt sie auf alle Fälle aus, in denen ein gewerbsmäßiger Händler mit ländlichen Grundstücken im eigenen

Namen oder als Vertreter eines anderen, — also auch als gesetzlicher Vertreter, nicht nur als Bevollmächtigter, — ein Waldgrundstück erwirbt oder veräußert. Auf eine reine Vermittlungstätigkeit des Güterhändlers, bei der er weder als Vertragsteil, noch als Vertreter im Willen oder in der Erklärung des Willens eines Vertragsteils auftritt, findet der Art. 42a keine Anwendung.

2. Die Anzeigepflicht tritt ohne Rücksicht auf die beabsichtigte Verwendung des Grundstücks ein. Die Anzeige kann mit dem Gesuche um Erteilung der nach Art. 42b erforderlichen Genehmigung verbunden werden.

3. Der Begriff des gewerbsmäßigen Güterhändlers wird in dem Gesetze nicht ausdrücklich bestimmt, ist jedoch nach der Absicht des Gesetzgebers der gleiche wie in Art. 19 des Grundentlastungsgesetzes vom 2. Februar 1898 (Gesetz- und Verordnungsblatt S. 19); beim Vollzug des Gesetzes kann deshalb die zu Art. 19 a. a. O. ergangene Rechtsprechung herangezogen werden.

II. Zu § 1, Art. 42b.

1. Der Art. 42b erweitert das bisher nur bei Schutzwaldungen bestehende Erfordernis der forstpolizeilichen Genehmigung auf Abholzungen und der Abholzung in der Wirkung gleichkommende Lichthauungen, die vom Güterhändler oder von demjenigen, als dessen Vertreter der Güterhändler den Wald erworben hat, oder von demjenigen vorgenommen werden, an welchen der Güterhändler sei es im eigenen Namen oder als Vertreter eines anderen den Wald veräußert hat.

Kahle Abholzungen kommen sehr häufig bei Gutszertrümmerungen vor und zwar meist für die Zwecke der Güterhändler selbst oder gewerblicher Unternehmungen, wie z. B. Sägewerke, Schleifholz- und Zellulosefabriken, die Waldteile mit oder ohne den Boden von den Händlern erwerben und den Holzbestand ohne Rücksicht auf das Alter oder den noch im Steigen begriffenen Massen- oder

Wertzuwachs verwerten. Die Polizeibehörden und die mit dem Forstschutz betrauten Organe (Art. 115) haben deshalb diesen Vorgängen besondere Aufmerksamkeit zu widmen.

2. Die Pflicht zur Erholung forstpolizeilicher Genehmigung ist zeitlich unbeschränkt; dies gilt insbesondere auch von dem Besitznachfolger des Güterhändlers oder des von dem Güterhändler Vertretenen.

3. Die Genehmigung ist nur für die Abholzung, d. i. den kahlen Abtrieb, und für die diesem in der Wirkung gleichkommende Lichthauung, vorgeschrieben. Eine solche Lichthauung liegt dann vor, wenn der Hauptbestand ganz oder in einem Maße beseitigt wird, daß die zurückbleibende Bestockung für eine natürliche Wiederverjüngung des Waldes nicht mehr ausreicht, diese vielmehr auf künstlichem Wege bewerkstelligt werden muß.

4. Das Gesuch um Genehmigung, das Angaben über Steuergemeinde, Plannummer und Umfang des Grundstücks, über Benützungsart und Eigentumsverhältnisse an den angrenzenden Grundstücken, endlich über Art und Umfang der beabsichtigten Nutzung zu enthalten hat, ist bei der gemäß Art. 42 a zuständigen Distriktsverwaltungsbehörde einzureichen. Diese hat von dem Gesuch die Ortspolizeibehörde und die angrenzenden Waldbesitzer zur Abgabe von Einwendungen insbesondere über die Richtigkeit der Grenzen zu verständigen. Das Gesuch ist sodann nebst den eingelangten Einwendungen an das Forstamt zur gutachtlichen Äußerung zu leiten.

Das Forstamt hat, wenn es dies für erforderlich erachtet, zur Aufklärung der Verhältnisse die beteiligten Grundbesitzer zu einer Tagfahrt einzuladen.

5. Erweisen sich die Grenzen des Waldgrundstücks als strittig und einigen sich die Beteiligten nicht über die vom Gesuchsteller vorzunehmende Nutzung, so ist die Genehmigung bis zur Feststellung der Grenzen auszu-

setzen, soweit die strittige Fläche durch die beabsichtigte Nutzung berührt wird. Das Genehmigungsgesuch ist jedoch zu bescheiden, falls der Widersprechende nicht binnen zu bestimmender Frist den Rechtsweg zur Festsetzung der Grenzen beschreitet.

6. Wird mit dem Genehmigungsgesuch ein Antrag auf Rodungserlaubnis gemäß Art. 34 des Forstgesetzes verbunden, so ist über diesen Antrag in der Regel vorweg und gesondert zu befinden, da mit der Rodungserlaubnis die Genehmigungspflicht entfällt.

7. Die Genehmigung ist zu versagen:

a) gemäß Art. 39 des Forstgesetzes, wenn eine Schutzwaldung in Frage steht,

b) wenn die Wiederaufforstung oder hinreichende Wiederbestockung nicht gesichert ist,

c) in der Regel, wenn in einem Jungholzbestand des Hochwaldbetriebes nicht mindestens 75 vom Hundert der Stämme in Brusthöhe 12 cm und mehr Stärke besitzen.

8. Die Feststellung, ob die erforderliche Mehrzahl der Stämme in Brusthöhe 12 cm und stärker ist, hat durch sachverständige Erhebungen, insbesondere durch Aufnahme von Probeflächen zu geschehen.

9. Unter die Beschränkung der Ziffer 7 Buchstabe c fallen nicht die Bestände des Nieder- oder Mittelwaldbetriebes (Ausschlagwaldungen).

Ausnahmen von der Regel sind nur für solche Junghölzer des Hochwaldbetriebes zu gewähren, deren Abholzung wegen Beschädigungen durch Insekten, Schneedruck, Hagelschlag, Feuerschaden und ähnlichen Gründen, oder wegen sehr geringer Wuchsleistung oder zum Zweck der Änderung der Holzart forstwirtschaftlich geboten ist.

10. Die Genehmigung zur Abholzung oder Lichthauung setzt voraus, daß die Wiederaufforstung ohne Zweifel gesichert ist. Die etwa aufzuerlegenden besonderen

Bedingungen haben deshalb ausschließlich der Erhaltung des Waldes zu dienen. Als Beispiele sind die Auflage der Verwendung bestimmter Holzarten, einer Frist für die Wiederaufforstung, des Maßes der zulässigen räumlichen Ausdehnung des Schlages, von Vorkehrungen zur Verhütung von Waldabschwendungen im Sinne des Art. 41 zu nennen; die Bestimmung des zulässigen Maßes der Lichthauung wird in Betracht kommen, wenn die beabsichtigte Hiebführung durch übergroße räumliche Ausdehnung des Schlages z. B. auf steilen Hängen und steinigem Boden in sonnseitiger Lage die künftige Wiederbestockung gefährden würde.

11. Für die Kosten der Wiederaufforstung ist Sicherheit zu verlangen.

Ihre Höhe bemißt sich nach dem vom Forstamte zu schätzenden Betrage der Kosten, die dem Staate im Falle der zwangsweisen Aufforstung erwachsen würden. Die Sicherheitsleistung kann in einer der in § 232 des Bürgerlichen Gesetzbuchs bezeichneten Arten erfolgen. Bei der Prüfung der Frage, ob sich die angebotene Sicherheit zur Annahme eignet, sind die Vorschriften der §§ 233 bis 239 a. a. O. zu beachten. Die Distriktspolizeibehörde hat darauf hinzuwirken, daß die Sicherheit in der Regel nur durch Hinterlegung von Geld oder Wertpapieren geleistet wird. Die Hinterlegung kann bei jedem bayerischen Amtsgericht, dann bei der K. Bank oder deren Filialen bewirkt werden.

Die Rückgabe der Sicherheit ist in das Ermessen der Distriktspolizeibehörde nach Anhörung des Forstamts ohne zeitliche Beschränkung gelegt: sie hat zu erfolgen, sobald die ausgeführten Kulturen sich in dem Maße entwickelt haben, daß die Wiederbewaldung der abgeholzten Fläche als hinreichend gesichert angesehen werden kann oder durch Übergang des Grundstücks in einen geordneten Waldbetrieb für die entsprechende Aufforstung genügende Gewähr gegeben ist. Auch eine teilweise Rückgabe ist nicht ausgeschlossen.

Die Rückgabe der Sicherheit hat durch die Hinterlegungsstelle an den Berechtigten zu geschehen.

12. Die Endbescheide der Distriktsverwaltungsbehörde in dem Genehmigungsverfahren sind gemäß Art. 109 Abs. 1, dann 111 des Forstgesetzes anfechtbar.

Die Gebühren und Kosten des Verfahrens fallen, soweit sie nicht als durch unbegründete Einwände Dritter entstanden diesen aufzuerlegen sind, dem Antragsteller zur Last. Die Verhandlungen sind nach Möglichkeit zu beschleunigen.

III. Zu § 4.

1. Das Forstgesetz verpflichtet den Waldbesitzer zur Aufforstung kulturfähiger Waldblößen und verfügt gemäß Art. 42 und 77 Abs. 1 die Ausführung der Kulturarbeiten durch das Forstamt auf Kosten des Säumigen, wenn dieser die Arbeiten binnen festgesetzter Frist unterlassen und gerichtliche Strafe verwirkt hat.

2. Der von der Novelle dem Art. 77 beigefügte Zusatz erweitert den Kreis der für die Kosten der Wiederaufforstung Haftpflichtigen auf jeden, der einen Wald abholzt oder eine nach Art. 42 aufzuforstende Waldblöße erwirbt. Die durch die Novelle eingeführte Haftung ist zeitlich auf 5 Jahre beschränkt, setzt jedoch nicht voraus, daß ein Güterhandelsgeschäft inmitte liegt. Wer den Wald abholzt, haftet ohne Rücksicht darauf, ob ihm das Waldgrundstück gehört, also auch dann, wenn er nur das Holz auf dem Stamme gekauft hat; der Erwerber einer aufzuforstenden Waldblöße haftet ferner auch dann, wenn die Waldblöße schon lange Zeit, bevor er das Grundstück erworben hat, entstanden ist.

3. Die gemäß Art. 77 Abs. 3 Verpflichteten haften als Gesamtschuldner im Sinne des § 421 des BGB.

4. Die Vorschriften des Art. 42 sind von der Novelle unberührt geblieben.

Hiernach sind die Aufforderung zur Wiederaufforstung und die Fristbestimmung auch künftighin an den jeweiligen Besitzer des Waldgrundstücks zu richten. Nach dem Urteil des K. Obersten Landesgerichts vom 4. Februar 1904 (S. der Entsch. in Straff. Bd. 4 S. 213) wirkt der Aufforstungsauftrag auch gegen jeden Besitznachfolger. Wird dem Aufforstungsauftrag nicht rechtzeitig entsprochen, so ist das Strafverfahren durchzuführen und die Ermächtigung zum weiteren Vorgehen gemäß Art. 42 Abs. 2 für das Forstamt zu erwirken.

Die Beitreibung der Kosten erfolgt sodann auf zweifache Weise: gegenüber den zur Strafe Verurteilten, wie seither gemäß § 13 Abs. 4 der Vollzugsvorschriften zum Forstgesetz vom 10. Oktober 1879 (FinMBl. S. 424, JustMBl. S. 1718), gegenüber den sonstigen Verpflichteten vor den Zivilgerichten (zu vgl. Art. 64 Abs. 1 des Forstgesetzes). Die Durchführung des Verfahrens gehört zur Zuständigkeit der Regierungsfinanzkammern.

IV. Zu § 5.

Diese Ergänzung des Art. 78 Abs. 1 des Forstgesetzes soll der Forstpolizeibehörde ein rechtzeitiges wirksames Einschreiten ermöglichen, wenn der Verfügungsberechtigte, um den durch das Gesetz geschaffenen Beschränkungen zu entgehen, ein Waldgrundstück durch Teilhiebe auszuplentern unternimmt.

Den Behörden sind durch das neue Gesetz eine Reihe von Aufgaben übertragen worden, die im Interesse einer geordneten Waldwirtschaft und Walderhaltung liegen und deren Durchführung die fortgesetzte Aufmerksamkeit erfordert. Es wird erwartet, daß alle beteiligten Behörden und Organe des Forstschutzes im Bewußtsein der Wichtigkeit dieser Angelegenheit, dem Gesetze einen genauen und strengen Vollzug sichern; gleichzeitig sind jedoch alle vom Standpunkte der Waldpflege nicht erforderlichen und die Verfügung über die Grundstücke unnötig erschwerenden Maßnahmen zu vermeiden.

München, den 4. April 1908.

v. Miltner. v. Pfaff. v. Brettreich.

---

13. Besitzveränderungsabgabengesetz

vom 14. August 1910. (GVBl. S. 433.)

Art. 4.

I Wenn ein gewerbsmäßiger Händler mit ländlichen Grundstücken in Ausübung seines Gewerbes ein Grundstück oder ein Recht im eigenen Namen oder als Vertreter eines anderen erwirbt oder veräußert, so ist die Besitzveränderungsabgabe in Höhe der Hälfte der Staatsgebühr auch dann zu erheben, wenn die Abgabe in der Gemeinde nicht oder nur mit einem geringeren Satze eingeführt ist.

II Die Vorschrift des Abs. I findet keine Anwendung,

1. wenn das Grundstück oder das Recht zu einem Nachlaß oder zu dem Gesamtgut einer ehelichen oder fortgesetzten Gütergemeinschaft gehört und die Veräußerung zum Zwecke der Verwertung oder der Auseinandersetzung des Nachlasses oder des Gesamtguts erfolgt,
2. gegenüber gemeinnützigen Genossenschaften. Nicht als gemeinnützig gelten Genossenschaften, die satzungsgemäß die Einzahlungen der Mitglieder mit mehr als 5% verzinsen oder den Mitgliedern im Falle der Auflösung mehr als die Einzahlungen ausantworten.

Gesetzes-Register.

Die gewöhnlichen Zahlen bedeuten die Seiten, die hochgestellten die Anmerkungen.

10. **Grundbuchordnung.** § 11 S. 105[2].

11. **Gesetz über die Fortsetzung der Grundentlastung** vom 2. Februar 1898 (GVBl. S. 19).
Art. 18 Abs. II S. 98[1]
„ 19 „ 148
„ 20 „ 153.

12. **Vollzugsbekanntmachung zum Grundentlastungsgesetz** vom 5. Februar 1898 (MABl. S. 66). S. 155 ff.

13. **Güterzertrümmerungsgesetz.** S. 1, 10.

14. **Bekanntmachung über den gewerbsmäßigen Handel mit ländlichen Grundstücken** (VollzBek. vom 24. August 1910).

§	S.	S.	S.	§	S.	S.	
1	34		93	17	27[9]	102	
2	59		94	18		103	
3	34		94	19	35	103	
4	60		95	20	40[8]	103	
5	60		95	21		104	
6	35	61	96	22	41[4]	105	
7	88		96	23	44[9]	106	
8	88		97	24		107	
9	61		97	25	59	110	
10	35		97	26	59	110	
11	35		97	27	70	112	
12	89		98	28	91	117	
13	89		100	29		118	
14	90		101	30	78	118	
15	90		101	31	28[11]	84	119
16	91		102				

15. **Ministerialbekanntmachung, Vollzug des Güterzertrümmerungsgesetzes betr.,** vom 27. August 1910 Nr. 6045 a 84. (GVBl. S. 657) S. 137.

16. **Ministerialbekanntmachung, Vollzug des Güterzertrümmerungsgesetzes betr.** vom 30. Dezember 1910 Nr. 6045 a 115. (GVBl. 1911 S. 1) S. 137.

17. **Ministerialentschließung den Vollzug des Güterzertrümmerungsgesetzes betr.** vom 27. August 1910 Nr. 6045 a 85. (MABl. S. 537) S. 138.

Sachregister.

(Die Zahlen bedeuten die Seiten, die hochgestellten die Anmerkungen.)

Kolibri 360 GmbH
Ferdinand-Jühlke-Straße 7
99095 Erfurt, Deutschland
produktsicherheit@kolibri360.de